OHSAMA BUNKO

「小さな幸せ」がたくさん見つかる50の物語

西沢泰生

JN102862

三笠書房

あなたの「大切な人」は
誰ですか?

その人は、優しい人ですか？
楽しい人ですか？
一緒にいると心が休まる人ですか？

その人は今、
笑顔でしょうか？
悩んではいないでしょうか？

この本には、

「思わずニコリとする話」

「気持ちをラクにする話」

そんな、

「心にエールを送る」

話を集めました。

あなたにも、その人にも
「小さな幸せ」が
たくさん届きますように！

はじめに……大切な人に伝えたいこと

私がまだ小学生のとき。

担任の先生が、一人ひとりの生徒に、紙に書いたメッセージを渡してくれたことがありました。

たしか、もうすぐ進級で、クラス替えが近づいていると、そんな時期だったと思います。

担任だった女性の先生が私に贈ってくれたのは、次のような言葉でした。


「正しい判断と行動は、よりよい明日をつくる」


あの日から、もう、約50年が経ちます。

それなのに、未だにこのメッセージは、私の心に残っているのです。

言葉というギフトは、時に、相手の心に一生残ることがある。

本書は言わば、そんな、「**言葉のギフト**」。

ご自身で読むもよし、読んだ後で、あなたにとって大切な人に贈るのもよし。

堅苦しい話はありません。

気楽に読んで、ちょっぴり参考になったり、エールになったりする話ばかりです。

この本が、あなたと、あなたの大切な人に、小さな幸せをもたらすことができれば、私にとってもそれが幸せです。

西沢泰生

もくじ

2 ゆるくても大丈夫

——気持ちをラクにする10の話

3 何気ない毎日を楽しむために――

――思わずニコリとする10の話

4

「これから」を変えるには

——「へぇ〜」となる10の話

5

「大切なもの」はすぐそばにある

――ハートにエールを送る10の話

イラストレーション　宮下 和

1

新しい景色が見えてくる

——心の重荷を軽くする10の話

第1話

ヒッチハイク小学生？

こんなたとえ話があります。

新しい靴を買おうと、市場にやってきた男。

ところが、いざ靴を買おうとして気がつきます。

「しまった！　せっかく足のサイズを測って紙に書いておいたのに、その紙を家に忘れてきた！」

仕方なく、メモを取りにいったん家に戻りました。

そして、ふたたび市場にやってくると……。

もう、市場は閉まっていて、結局、男は靴を買いそこなってしまったのです。

さて、そんなことがあった後日、男は友人にその話をしました。

すると、男の話を聞いた友人は大笑いをしながらこう言ったのです。
「君ってヤツはバカじゃないのかい？　市場なら、靴なんていくらでも売っていただろう。その靴を一足ずつ履いていけば、どのサイズが合うかなんてすぐにわかっただろうに……」

これは、西洋の「靴のサイズを忘れた男になるな」ということわざの元になった話です。

ことわざの意味は、「1つの方法にとらわれるな。視点を変えれば、解決策はほかにいくらでもある」。

営業研修の講師やコンサルタントであり、数々の著書もあるライフデザインパートナーズ株式会社代表取締役の浅川智仁さんが、まだ小学生だった頃のエピソードです。

浅川さん、出身は避暑地として知られる山梨県の清里《きよさと》。とてもよいところなのですが、自宅から小学校までが坂道で、しかも、結構な距離があったそうです。

小学生としては、歩いて登校するのは結構たいへんです。そこで、なんと浅川さん、学校の帰りは毎日のようにヒッチハイクをして自宅に帰っていたのだとか。

土地柄、小学校から家まで続く道路の脇に立っていると、観光客などの車が通りかかる。そんな車をヒッチハイクでつかまえては、「駅前の自宅まで乗せてくださいい」と頼んで、送ってもらっていたのだそうです。

いやはや、現代の東京では……いや、東京でなくても聞いた親が卒倒《そっとう》しそうな話。危ないじゃないかという話はさておき、さすが、将来、社長になるような人は小学生の頃から違う……と思ったら、まだ、続きがありました。

毎日、ヒッチハイクをするのはたいへんだと思った浅川さん。なんと、小学生でありながら、自《みずか》ら、スクールバスの運転手さんに交渉して、自宅の場所がスクールバス対象の距離に満たなかったにもかかわらず、特別にバスの利用を許してもらったのです。

小学生にして、なんという度胸と実行力、そして交渉力でしょうか！

そして、「自宅がスクールバス対象外なので、学校までは歩いていかなければならない」という思い込みがないところが素晴らしい。

悩んでいるときというのは、「○○を××しなければ」って、つい、1つの考えにとらわれてしまいがちです。

例えば、毎日、徹夜をしても、ある仕事が納期に間に合いそうもないとき。

そんなときに、「仕事なんだから自分でやらなければ！」なんて思い込んでいると、「靴のサイズを忘れた男」のようになってしまって、最後は納期に間に合わなくなってしまいます。

でも、頭を柔らかくして、浅川さんのように、「手はいくらでもある」って考えたら、部下に仕事の一部を振ったり、同僚に「今度、おごるから」って言って手伝ってもらったり……。

ほかにも、「8割のデキで提出してしまう」とか、「手抜きをしてもよいところを納期前に確認する」とか、「納期を伸ばしてもらうようにお願いする」とか、いろいろな手が考えられるはずです。

困ったときは、「**解決策はいくらでもある**」と考えて、発想を変えてみましょう。

第2話

手詰まりになったときの奥の手

「世界のホンダ」こと本田技研工業の創業者、本田宗一郎さん。

これは、どんな難題にも不屈の闘志で立ち向かい、世界に通用する企業を育て上げた本田さんが、28歳の頃に壁にぶち当たったときのエピソードです。

その当時、本田さんはピストンリングの開発に取り組んでいたのですが、なかなかうまくいきませんでした。

ピストンリングとは、エンジンのシリンダー内で往復運動をするピストンの周《まわ》りの溝《みぞ》にはめるリングのこと。シリンダー内の気圧を保持したり、オイルが行きわたるようにしたりと、重要な役割を果たす部品です。

本田さんは、部下と工場内にむしろを敷《し》いて泊まり込み、鋳造《ちゅうぞう》を繰り返していたのですが、何度やってもうまくいかなかったのです。

鋳物《いもの》なんて簡単だと思っていたのに、はっきり言って、手詰まりの状態。

困った本田さんが取った打開策は次のようなものでした。

専門家にアドバイスを求める。

本田さんは、浜松高等工業学校、現在の静岡大学工学部の教授に相談しました。

内容を聞いた教授は開口一番でこう言ったそうです。

「なぜ、もっと早く相談に来なかったんです。シリコンが足りません」

ムズカシイ説明は割愛《かつあい》しますが、ピストンリングをうまく鋳造するためには、鉄だけでは不十分で、シリコンを混ぜる必要があったのです。

さらによく聞くと、シリコンだけでなくカーボンも必要だというではありませんか。

本田さんは、専門知識がなかったために、どうやっても成功するわけがないところで、悪戦苦闘を続けていたのでした。

仕事などで、行き詰まってしまったとき。

「専門家にアドバイスを求める」という奥の手があります。

なんでも人に頼るのはどうかと思いますが、自分でいろいろやってみて行き詰まってしまったときは、本田宗一郎さんのように、素直に専門家を頼れば、問題解決のショートカットになります。

素人考えで悪戦苦闘してラチがあかなかったことでも、その道の専門家に相談すると1秒で答えを出してくれることだってあるのです。

他人に相談し、アドバイスをもらうことは決して恥ずかしいことではありません。

というか、どんどん「知っている人」に聞くほうが、どう考えても効率的。

スピード重視の現代では、「他人を頼る」「他人に任せる」は、常套《じょうとう》手段です。

余談ですが、教授にアドバイスを受けた本田宗一郎さんは、専門知識の大切さを痛感し、この直後、28歳にして夜間学部の学生になったそうです。

ところが、それまで教育らしい教育を受けた経験がなかった本田さん。先生が黒板に書くことをノートに写そうとしても、写し終わる前に消されてしまう。

そんな状態なので試験を受けてもぜんぜんわからない。唯一《ゆいいつ》、仕事に関係する部分の講義だけは、「このあいだは、あれをやったから失敗したのか」と、経験によって理解できて、商売のほうには、学びが大いに役立ったのです。

ただ、試験については相変わらずぜんぜんダメで、そのうち、試験の日はお休みするように……。とうとうある日、先生に呼び出されて「本田君、このままでは免状はやれない」と言われた本田さん。こう言い放ちました。

「映画の入場券なら映画を見に入れるけれども、免状なんかもらったって商売ができるわけじゃない。免状なんかもらわんでいい。俺は映画の切符をもらったほうがいい」

この言葉が、先生の逆鱗《げきりん》に触れ、その様子を見た本田さんは、「なら、退学します」と、そのまま退学してしまったといいます。

そんなわけで、卒業は叶《かな》わなかったものの、もともとの狙《ねら》いだったピストンリングは、2年間の学生生活中に学んだ知識を生かして、無事、開発に成功したのでした。

第3話

「そうだ。カンニングしよう！」

カンニングをテーマにした大好きな小噺《こばなし》です。


「あなたのお子さんがテストでカンニングをしたようです」と、小学校の担任の先生に呼び出されたお父さん。職員室で、先生にいいます。

「ウチのタカシがカンニングなんてするはずがありません」

「お父さん、まあ答案用紙を見てください。1問目は、『大化の改新は何年？』という問題で、タカシ君と隣《となり》の席の子が2人とも『645年』と書いて正解しています」

「はい」

「2問目。『ペリーがやってきた港は？』という問いに、2人とも長崎と解答していますが、答えは浦賀なんです」

「じゃあ、隣の席の子がウチのタカシの答案を見たんじゃありませんか？」

「いえ、問題は次の3問目なんです。『徳川の二代将軍は誰か？』という問いに対して、隣の席の子は『わかりません』と解答しているんですが……」

「タカシはなんと解答しているんです？」

「タカシ君はこう解答しています」

先生から見せられた答案用紙を見ると、そこにはこう書かれていた。

『ぼくもわかりません』

この小噺、なんだか、ほのぼのしていて好きなんです。

学校の試験や入試でのカンニングは許されませんが、**実社会に出たら、どんどんカンニングをやるべき**です。

1つ前の項で、専門家を頼った本田宗一郎さんのエピソードを紹介しましたよね。カンニングする相手は、その道の専門家でも、職場の先輩でもオーケー。それこそ、会社の先輩が残した資料でも、本屋さんに売っているノウハウ本でも、ネットの記事でもいい。要はなんでもアリ。

ウダウダと悩んでいる暇《ひま》があったら、カンニングできるものはなんでも利用して、答えをゲットしましょう。


では、もう1つ、カンニングに関する話。

今度は、ある小説家のエピソード。

その小説家、学生時代に、テストでカンニングをしようと考えたことがあったそうです。

しかし、隣の人の解答用紙をのぞき込むのは難しいし、そもそも正解を書いているかどうかもわからない。そこで、試験に出そうな部分のヤマをはり、それをコンパクトにまとめて試験中にのぞき見することにしました。

さあ、そうなると、いかに完璧なカンニングペーパーを作るかが勝負。

その方、試験範囲をくまなく確認し、「ここは絶対に試験に出るに違いない」と思われる部分を選び出し、カンニングペーパーにまとめました。

さて、そうやって完璧なカンニングペーパーをしたためて臨《のぞ》んだ試験当日。

問題を解きはじめて気がつきました。

「あれっ？　カンニングペーパーを見なくてもわかる……」

そうです。完璧なカンニングペーパーを作るために、試験範囲にくまなく目を通し、重要部分をコンパクトにまとめるという過程で、すっかり要点が頭に入っていたのです。結局、苦労して作ったカンニングペーパーを見ることなく試験を終えることができたのだとか。

知人の学習塾の先生によれば、「もっとも効率的な勉強法は、参考書にある問題の模範解答をさっさと見て、それを理解すること」なのだそうです。

この小説家は、図《はか》らずも、とても効率的な勉強法を実践したというわけですね。

現実世界の問題では、答えは1つではありません。

ですから、たくさんカンニングして、複数の答えを見つけて、それを参考意見として活用すればいいのです。

第4話

アプリ会社の社長ができない意外なこと

あの堀江貴文さんが、「いとも簡単にぶっ飛んだ発想ができるビジネスの天才」とたたえるアプリ会社の若き社長、光本勇介《みつもとゆうすけ》さん。

目の前の「売りたいもの」の写真をスマホで送れば、先に買い取り代金を受け取れるアプリ「CASH」。最短2分でオンラインストアを作れるサービス「STORES.jp」。後払い専用の旅行代理店アプリ「TRAVEL Now」など、これまでの常識にとらわれないサービスを次々と世に送り出しています。

次々と画期的なアプリを生み出す光本さん、さぞ、プログラミングの達人なのかと思いきや、なんと、プログラミングはできないのだとか。

光本さん曰《いわ》く。

「ホームページくらいは頑張って勉強して作っていましたが、プログラミングは、ほぼできません」

プログラミングができないのに、どうやってアプリを開発しているのか？

答えは簡単。

できる人に任せるのだそうです。

そのことについて光本さんはこう言っています。

「最初はぼくも任せることが怖かったのですが、最後は『慣れ』でした。任せてしまったらどうにかなるものです。

自分でできることなんて限られています。一人でやり始めても中途半端《はんぱ》になってしまうことがわかっている。だから『もう自分ではやらない』という決断をして、みんなに任せてみる。そこで、自分が一番得意としていること、会社に貢献できるだろうということに集中すればいいのです」

「できないことは任せる」と割り切ることで、光本さんは「ビジネスのアイデアを出すこと」に集中し、画期的なビジネスを次から次へと思いついているのです。

そう言えば、「酒屋や居酒屋のご主人がいっさいお酒を飲めない」という話をよく聞きます。そういう人たちは、お酒の仕入れや営業、接客などは、お酒の味がわかる店員に任せて、自分は、経営やマーケティング、調理などに専念しているのでしょう。

一見、一匹狼《いっぴきおおかみ》に見える堀江貴文さんもこう言っています。

「自分に自信がある人ほど自分だけでなんとかうまくやろうとするものです。しかし、それでは無駄《むだ》が多い。成功する人間とは、自分の知識や経験なんてちっぽけなものだと自覚し、他人の力を上手に利用できる人のことです」

実は私も、本を書くとき、以前は、「書いた話の掲載は必ずこの順番でお願いします」とばかりに、目次の原稿まで綿密に作り込んで入稿していました。

私の場合、短くて独立した話を集めている本が多いので（本書もそうですね）、掲載の順番が結構、大切だからです。

でも、今は違います。

「この人なら、大丈夫」という、信頼できる編集者さんには、「書いた話の掲載の順番変更はお任せしますので、もし、入れ替えたほうがよいような場合は、自由に変えてくださって結構です」と伝えています。

もちろん、「最初と最後はこの話で」など、動かしてほしくないところだけはお伝えしますし、最終的には、ゲラ（誤字脱字など紙面をチェックするための仮印刷）でチェックもします。ただ、最初の段階では、編集者さんを信頼して、「一番よいと思える順番にしてください」とゆだねているのです。

信頼してお任せするようになってわかったのは、編集者さんは、本当によく考えてくださっているので、「なるほど、この順番もアリか」と思えるような提案をしてくださるということ。おかげでこちらは、話の掲載順を気にするよりも、1つでも多く、面白い原稿を書くことに集中できるわけです。

「できないことは任せる」

仕事の質を高めたいとき、意外と大きなポイントなのかもしれません。

第5話

寝る前のたった30秒で

世界100か国以上に約4万もの店舗を展開している、世界最大級のファストフードチェーン、マクドナルド。

その創業者がレイ・クロックです。

創業のきっかけは、1954年、彼がまだミルクシェイク用ミキサーのセールスマンだった52歳のときに、たまたま、マクドナルド兄弟が経営するレストランに、ミキサーを売ろうと立ち寄ったことでした。

メニューはハンバーガーとチーズバーガー、そして付け合わせのフライドポテトだけ。皿もなく紙に包んで渡すだけなど、レストランの概念を破る画期的な料理の提供システムを見たクロックは、「**このシステムはレストラン業界を制する！**」と直感で確信。さっそく、マクドナルド兄弟に、「料理の提供システムそのものを売ってはどうか？」と、フランチャイズ化を待ちかけたのです。

クロックからの提案に、はじめは渋った兄弟でしたが、いくつかの条件をつけることでフランチャイズ化を承諾。翌年にはアメリカ・カリフォルニア州のサンバーナーディーノに、マクドナルドの第1号店がオープンしました。

クロックの見立ての通り、店舗は大人気となり、兄弟の名を冠《かん》するマクドナルドは飛躍的な成長を遂《と》げ、世界的なファストフードチェーンとなったのです。


大成功をおさめたレイ・クロックですが、そこに至るまでには、激務の連続。

1日に12時間〜14時間働いたあとで、お客の夜の接待を夜中の1時〜3時まで続け、翌朝にはまた早起きをしてお客に会いにいく……と、過酷な日々が続きました。

そんな、大忙しの日々の中で、ストレス解消法として大いに役立った習慣があったそうです。

彼は、**寝る前のたった30秒ほどのこの習慣によって、日々のストレスを解消していたのです。**

それは、こんな習慣でした。

「頭の中で、黒板の文字を消してから寝る」

彼の著書、『成功はゴミ箱の中に』によると、そのやり方は次の通り。

✦手順1　まず、頭の中に黒板をイメージする。

✦手順2　黒板は緊急のメッセージで埋め尽くされているが、黒板消しを持った手が、それを端からきれいに消していく。

✦手順3　消す途中で新たな雑念が生まれたら、大きくなる前にそれも消し去り、頭の中を空っぽにする。

✦手順4　首の後ろから順に、背中、肩、腕、足、そして指先まで、全身をリラックスさせる。

クロック曰く、「指先をリラックスさせる頃には、もう深い眠りについていた」と。

そして、「自分が毎日の激務に耐えることができたのは、すべてこの習慣のおかげだった」と言っているのです。

このクロックの習慣について、理学療法士の濱栄一《はまえいいち》氏はこう分析しています。

「**クロックは、ビジネスを成功させるうえで、日々襲いかかってくる精神的緊張をその日のうちにリセットすること、つまり、ストレスを翌日に持ち越さないことの重要さを理解し、自分に最適な方法を見つけ出して実践していたのでしょう**」

あなたはいかがですか？

日々のストレスを、早いうちに解消しているでしょうか？

ストレスなんて、後生《ごしょう》大事に溜《た》め込んでもイイことは1つもありません。

考えてみれば、**日々の出来事をストレスとして認識するのは、結局は脳**です。

それなら、その脳内で、「ストレスを黒板から消す」というイメージを実行することは、たしかに有効であるような気がします。

ストレスを翌日に持ち越してしまう方、マクドナルド創業者の秘策をぜひ試《ため》してみてください。

第6話

「南極点到達争い」の舞台裏で

ノルウェーのアムンセンとイギリスのスコットによる、人類初の南極点到達をかけた争い。ご存知のように、先に南極点に到達して勝者となったアムンセンは無事に帰国し、英雄となりました。

いっぽう、アムンセン隊に34日遅れて南極点にたどり着いたスコット隊は、すでに疲労困憊《ひろうこんぱい》。その帰路で、全員が帰らぬ人に。

この成功と失敗の原因については、さまざまに言われています。

いくつか挙《あ》げてみると……。

寒さへの対策と経験が豊富なアムンセン隊、経験不足のスコット隊

アムンセン隊は、防寒着やブーツ、そしてテントやスキー板までも、防寒と機能

性を考えた特注品。また、全員がスキーの達人だった。

いっぽう、スコット隊は防寒への認識が甘く、凍傷《とうしょう》に苦しめられた。スキーも不慣れな者が多かった。

デポ（補給所）の設置が万全だったアムンセン隊、不十分だったスコット隊

アムンセン隊は、南極点までの経路に、事前に3回にわたって、食料などのデポの設置を実施。スコット隊も事前にデポの設置は行なったが、たった1回だけで、しかも、当初の設置予定場所の手前にしか設置ができず、貯蔵できた食料の量もアムンセン隊の3分の1程度だった。

経路をわかりやすくしたアムンセン隊、わかりにくかったスコット隊

アムンセン隊は、デポを設置した場所まで、進路にそって15キロごとに目印を立てておいた。さらにデポを通り過ぎないように、その両側に間隔900メートルで10本ずつ竹竿《たけざお》を立てた。しかも、それぞれの竹はナンバリングして、デポの方角と距離がわかるようにしておいた。

これに対してスコット隊は、デポの位置に旗を立てただけだったため、見つけにくく、常に、「デポを見落として通り過ぎたのでは」という不安があった。

移動手段を犬にしたアムンセン隊、馬にしたスコット隊

アムンセン隊の移動手段は犬ぞり。犬たちは寒さに強く、クレバス（氷河や雪渓《せっけい》などに形成された深い割れ目）を避けるのもうまかった。また、食料の肉は、アザラシなど、現地で調達できた。

いっぽうのスコット隊の移動手段は雪上車と寒冷地に強い馬。しかし、雪上車は出発してすぐに故障。馬も寒さの強さに限界があり、疲労と、持っていった食料の不足によって、次々と失い、最後は人力でそりを引くことになった。

疲労とメンタルをケアしたアムンセン隊、スパルタ式だったスコット隊

アムンセン隊は、1日の移動距離を15マイル（約24キロ）と決めて、吹雪《ふぶき》の日でもそのペースを変えなかった。そして、移動後は6時間の休息を取ることを徹底した。また、テントでの就寝は十分なスペースを確保し、ワインや読書用の本、蓄音《ちくおん》

器《き》やレコードなども大量に用意し、メンタル面のケアにも配慮した。対するスコット隊は、晴れた日には、どんなに疲労しようと移動できるだけ移動し、吹雪の日には狭いテントの中で、ジッと耐えるということの繰り返しだった。

なんとも、対照的な2つの隊。こうしてみると、アムンセン隊は成功するべくして成功し、スコット隊は失敗するべくして失敗してしまったような……。

経験に基《もと》づいて、しっかりと準備をする。
ゴールまでの道すじを、ちゃんとつけておく。
ゴールするための方法、手段を間違えない。
心をケアし、休みながら、ゆっくりと着実に進む。

なんだか、現代でも通じる、困難に立ち向かうときの攻略法が凝縮されているような気がします。

第7話

「将来の夢」はいくつあってもいい

「将来の夢」。

小学生のときに、そんなタイトルで作文を書かせられませんでしたか？

私も、小学6年生のときに、卒業文集に載《の》せるとかで、「将来の夢」というタイトルで作文を書くように言われました。

そのときに思った正直な気持ちは、「いやいや、まだそんなこと決めてませんから！」でした。

でも、そんなことを正直に書く勇気はなく、当時、草野球をやっていたので、「なれないとは思うけど、プロ野球選手になりたい」とか書いたのを覚えています。

書きながら、内心、「こんなことを書いてもらいたいんでしょ」なんて思っていたわけで、いや〜、我ながら嫌な子どもでした（笑）。

ロンドンブーツ1号2号の田村淳《あつし》さんは、小学校の作文で「将来の夢」を書きなさいと言われたとき、私とは逆に、夢がいくつも浮かんできて、20個くらいの夢を羅列《られつ》したといいます。

すると、先生から「1つにしぼりなさい」と言われたのだとか。

（えっ？　そんなこと言われても、どの夢も全部、叶えたいんだけど……）。

そう思いながらも、仕方なく書いた夢は「総理大臣になりたい」だったそうです。

さて、大人になった淳さん。

夢の1つであったお笑い芸人になりました。

しかし、芸人になってからも、バンドもやりたいし、起業もしたい。

子どもの頃になりたかったほかの夢も、心の中でずっと持っていて、今度は、先輩芸人たちから、「おまえは何がしたいんだ」と言われることがツラい日々。

そんなあるときのこと。

民間企業の一社長でありながら、北海道でロケットの打ち上げを成功させた、植松電機の植松努社長という方と仕事で会う機会がありました。

植松さんは、ロケットを飛ばすことが子どもの頃からの夢。

しかし、周りの人たちからはずっと、「ＮＡＳＡじゃあるまいし、ロケットなんて飛ばせるわけがない」「何を現実離れしたことを言っているんだ」と言われ続けてきました。

それでも、夢を捨てきれなかった植松さん。とうとう、社長になってから、夢を実現してしまったのです。

そんな植松社長から、淳さんは、こんなことを言われました。


「淳君、夢は持てるだけ持ちなさい。そして、その夢をより多くの人に語りなさい」


その言葉を聞いた瞬間。ずっと、自分がやりたいことを1つにしぼるのが苦手で苦しんできた淳さんの中で、何かがはじけました。

「ああ、そうか！　夢はいくつ持ってもいいんだ！　人に話したっていいんだ！」

一気に心がラクになった淳さん。

それ以来、誰からなんと言われようと、自分のやりたいことを公言し、どんどん実行するようにしているといいます。

それが、自ら事務所を立ち上げ、司会やニュースキャスター、バンドや小説の執筆など、マルチに活躍をしている現在の淳さんへとつながっているのです。

夢を語ると、「そんなの絶対に無理」と言ってくるドリームクラッシャーは必ずいます。

でも、そういう人は、**「自分には無理」って言っているだけ**のこと。

そんな人たちのことはいっさい気にせず、夢を語り続けていると、「それなら、○○さんを紹介しようか？」って、あなたの夢を応援してくれる人が必ず現われます。

それに現代は、淳さんのように、1人で複数の仕事を持つのが普通の時代。

ですから、夢はいくつ持ってもいい。そして、周りに語ってもいいのです。

ちなみに淳さん。作文に書いた総理大臣の夢については、「実際に総理大臣と話をして、自分には絶対に無理」だと思っているそうです。

第8話

「ああ、オレ、本気なんだな」と思った瞬間

田村淳さんの話の次は、同じくお笑い芸人にして、演技派の俳優でもある塚地武雅《つかじむが》さんの話です。

お笑いの世界では、ドランクドラゴンのコント職人。役者としては、数々の映画やドラマに出演。代表作は裸の大将シリーズでしょうか。

そんな塚地さんがお笑いに興味を持ったのは、学生の頃、ダウンタウンを見たのがきっかけ。

「うわっ、なんて面白いんだ」

そう思ってあこがれ、「自分もお笑い芸人になりたい」と考えるようになったそうです。

しかし、両親は、芸人になることに猛反対。

塚地さんがダウンタウンのラジオを聴いているだけで、「また、おまえはそんなものを聴いて！」と怒鳴られたこともあったといいます。

高校を卒業後、本当ならすぐにでもお笑いの世界に飛び込みたい気持ちがあったのですが、塚地さんは、親の反対に逆らうことができず、仕方なく、親の言うままに大学に進学しました。

大学卒業後は、これまた、親の手前、仕方なく、お笑い芸人への道をあきらめて、仏壇メーカーに就職したのです。

しかし、内心はずっと、「お笑い以外にやりたいことはない」と思っていました。仏壇メーカーの社員時代、生活において唯一の楽しみと言えば、約1時間半の通勤電車の中で、手帳にせっせと「お笑いのネタ」を書くことだったといいます。

そして、会社に就職してから3か月目のある日。

その瞬間は、突然、訪れました。

ふと、デスクの上にあった2冊の手帳を見た瞬間、塚地さんは、唐突《とうとつ》にこう思ったのです。

「あっ、オレ。本気でお笑いをやりたいんだ」

就職してからわずか3か月。その間に、2冊の手帳が全ページ「お笑いのネタ」で埋め尽くされていました。

これをまったく苦労に感じないとは……、お笑いは、**自分にとって「趣味の領域」じゃないな**と。

そう確信したのです。

田村淳さんの項で、夢を語ると破壊してくるドリームクラッシャーの話をしました。夢を持つ若者にとって、最大のドリームクラッシャーは、実は両親です。

赤の他人の無責任なダメ出しや、「おまえ1人を成功させてたまるか」というジェラシーからの反対とは違い、親の場合、真剣に心配してくれているので、余計に乗り越えにくい。

塚地さんのように、説得されて、夢をあきらめてしまう人が多いのです。

たしかに、「子どもに苦労をかけさせたくない」という思いから、自分が知っている「無難な道」を子どもに歩ませようとする気持ちもわからないではありません。

でも実は、**人間は、苦労を苦労と感じないほど好きな、やりたいことをやるのが、もっとも簡単に成功する道**なのに、心配によって、それが認められないんですね。

やりたいことに親が賛成してくれないときはどうするのがよいか？

どうも、さまざまな実例を見ていると、反抗的な態度をとるよりも、「心配してくれてありがとう。でも、どうしてもやりたいから、◯年間は自由にやらせてほしい。その間は、応援してくれたら嬉《うれ》しい」と言ってみる。つまり、**感謝してから期限を決めて応援をお願いする**のが一番効くようです。

「お笑いをやろう」と決めた、その後の塚地さん。2冊の手帳とともに支えになったのは、高校時代にダウンタウンのラジオに投稿したネタが採用になり、あこがれの2人がその投稿を読んで笑ってくれたことだったといいます。

支えを信じて一歩を踏み出したことで、現在の塚地さんがあるのです。

第9話

自分よりも強い相手に勝つための条件

書いた本の数はなんと1000冊超という著作家にして、俳優、講演活動家の中谷彰宏さんの本に、「自分よりも強い相手に勝つ方法」が書かれていました。

それは、およそ次のような内容。


「どんなに強い相手でも、あなたには勝つチャンスがあります。

相手はあなたより強いと思って油断しています。

相手の実力が10で、あなたが7だとします。

相手が、実力の80パーセントしか出さず、あなたが実力の120パーセントを出せれば、8対8・4であなたの勝ちです」

おー、なるほど！　って思います。

イソップ童話でウサギがカメに駆《か》け比べで負けたのも、とっととゴールしてしまえばいいのに、あまりのカメの鈍足ぶりに油断して余裕の昼寝なんかしたから。

実力の80パーセントどころか、半分も出さなかったでしょうから、負けて当然だったわけです。

でも、この理論で勝てるのは、言うまでもなく**「相手が油断してくれることが条件」**です。

もし、相手が「ライオンは、弱った相手を倒すときでも全力を尽くすんだ！」なんてことを座右《ざゆう》の銘《めい》にしていて、いっさい、油断せず、手を抜いてくれなかったら、勝ちようがありません。

以前に、引退後のイチローさんが、リトルリーグの選手たちに野球を教えているのをテレビで見たことがあります。

その際、リトルリーグのピッチャーが投げるボールを、イチローさんが実際に打つところを見せるという場面がありました。

そのときのイチローさん。

入念にストレッチと素振りをして、現役時代にお馴染《なじ》みだった、いわゆるルーティンを終えて打席に入ると、なんと、リトルリーグのエースが全力で投げるボールを、全球、ホームランにしたのです！

また、それとは別のとき。

プロ野球引退後のイチローさんが所属する草野球チーム「KOBE CHIBEN」と、女子高校野球の選抜チームが試合をするという企画でのこと。

「女子高校野球選抜強化プログラム２０２１」の一環として行なわれたこの試合で先発ピッチャーとしてマウンドに上がったイチローさん。

最速は１３５キロの超本気のピッチングを展開。初回の3者連続三振を皮切りに、9回までに17個もの三振を奪い、１対0で完封勝利をあげたのです。

イチローさんは、こと野球に関しては、どんなときでも、とことん本気。

気を抜いたプレーをすることは相手に失礼だと思っているのでしょうか、とにかく、**油断の「ゆの字」もしていない！**

イチローさんが、日米のプロ野球で偉大な成績を残した理由の一端を垣間《かいま》見るような思いがしました。

中谷彰宏さんの本にあった「自分よりも強い相手に勝つ方法」は、どうやらイチローさんには通用しないようです。しかし、自分に生半可《なまはんか》な自信を持っている人なら、たぶん、油断があるはず。

最初にちょっと弱いフリをしたりして油断させれば、勝機はあるということです。

第10話

「生かされていること」に気づいたきっかけ

2018年9月に、75歳でお亡くなりになった女優の樹木希林さん。晩年は、がんであることを公表し、それでも、映画への出演を続け、圧倒的な存在感を見せてくださいました。

その生きざまは多くの人たちの心をとらえ、お亡くなりになってから、生前の言葉などをまとめた本が発売されて、一時期、ちょっとしたブームになりましたね。

そんな希林さんが、「生きることや死ぬこと」に対しての考え方が変わるきっかけになったとおっしゃっていた話です。

それは、2004年のこと。

検査で乳がんが見つかった希林さんは、手術を受けるため、タイのプーケットでの映画の撮影をキャンセルします。

すると……。

本当なら、希林さんが滞在するはずだったその日に、スマトラ島沖地震が発生。プーケットで、津波によって多数の犠牲者が出たのです。

もし、予定通り、プーケット島に行っていたら、死んでいたかもしれない……。


希林さんは、言っています。

「（手術の前に）そういうものにぶつかってたわけ。だから、いずれにしても人間はスレスレのところで生きてるんだなっていうふうに感じるわけです。だから逆に乳がんの手術した時に、もう何があっても、御《おん》の字。何かそこで吹っ切れたっていうか覚悟が決まったっていうか、そういう時から、その私のがんの生活、始まったんです」


このときから、人生観が変わったのですね。

人間は、「生きている」のではなく、「生かされている」ということに気がつくと、生きる姿勢が変わります。

実は私も、あるとき、「生かされている」ということに気がつきました。

詳《くわ》しくは書きませんが、これでも私、ひとつ間違えば死んでいるか、大けがはまぬがれないという場面に、少なくとも10回近く遭遇しているんです。

例えば、幼稚園の頃、三輪車に乗っていて、角を曲がろうとしたトラックの内輪差で、トラックと電柱の間に三輪車が挟《はさ》まれたことがありました。このときは、三輪車はハンドルが曲がって壊《こわ》れましたが、私は無傷でした。

大学生のときには、雪道なのにへたにブレーキをかけてスリップした自動車が、ズルーっと私に向かって横すべりで突っ込んできたこともありました。そのときは、目の前に街路樹があったおかげで車はそこにぶつかって止まり、私は無傷。

このように、どの場面でも、本当にギリギリのところで、かすり傷ひとつなく済んできました。

今、こうして本を書くようになって、少し疲れ気味の方や、落ち込んでいる方から、感謝の手紙をいただくことがあります。

そうなってみて、はじめて、もしかしたら、こういうことをやるために「生かされてきた」のかもしれないと、そんなふうに思うようになりました。

希林さんは、こうも言っています。

「健康な人も一度自分が、向こう側へ行くということを想像してみるといいと思うんですね。そうすると、つまんない欲だとか、金銭欲だとか、名誉欲だとか、いろんな欲がありますよね。そうしたものからね、離れていくんです」

死生観が変わると、多くの欲やこだわりから解放されて、悩みの多くが消えていくのですね。

（参考　２０１６年10月29日、静岡市で開催された講演会、「樹木希林の遺言」／週刊ポスト２０１９年５月３・10日号）

2

ゆるくても大丈夫

——気持ちをラクにする10の話

第11話

背負わなければラクになる

眉間《みけん》にシワを寄せて、毎日毎日、頑張《がんば》っている人がいます。
仕事が好きで、やりがいを感じているのであればいいのです。
でも、もしかして、こんなふうに考えていませんか？

「一家の大黒柱として頑張らなければならないのに、最近、仕事がうまくいかず、ツラい。家のローンもまだ残っているし、もし、リストラされたりしたら、家族を路頭《ろとう》に迷わせてしまう。そう思うと、夜もろくに眠られない……」

そんなことを思いながら過ごしていたら、メンタルをやられてしまいます。
朝、目が覚めて、真っ先に「ああ、会社に行きたくない……」と、そんな考えが頭に浮かぶようなら、もう黄色信号。

日曜日の夕方どころか、お昼を過ぎると、月曜日のことを考えて憂《ゆう》うつになる。大嫌いな上司の顔が浮かんできて、夕食もノドを通らない……。

そうなったら、もう赤信号です。ここでブレーキを踏まなければ、事故になってしまいます。

では、どうすればよいか？

「背負わなければ、ラクになります」

自分１人が生きていくのもたいへんなのに、家族の人生まで背負っているから肩が重い。肩が重くて、眉間にシワが寄ってしまうのです。

心に余裕がないので、パートナーから、子どものことで相談があっても、「今、疲れているんだ。明日にしてくれないか」としか答えられない。

だったら、いっそのこと、家族のことを背負うのをやめてしまえばいい。

あっ、勘違《かんちが》いしないでくださいね。

家族を捨てろと言っているのではありません。

働かなくてもいいとも言っていません。

「家族の人生が自分の両肩に乗っているのだ」という「思い」を捨てるのです。

「思い」は「重い」。

背負わなければ、軽くなります。


それに実は、「家族の人生が自分の両肩に乗っているのだ」ということ自体、勘違いだったりします。

ここを勘違いしてしまうと……。

「自分は一家の大黒柱だ」とか。

「誰のおかげでメシが食えていると思っているんだ」とか。

「誰のおかげで大きくなったと思っているんだ」なんていう言葉が出てくる。


パートナーの人生は、パートナーのもの。

子どもの人生は、子どものもの。

冷静になって考えれば、当たり前の話です。

えっ？　「そんなの無責任」ですって？

無責任上等！

たかが会社によって、メンタルをやられてしまったら、周りの人たちにも心配をかけてしまうし、何よりも、**自分の人生に対して申し訳ない**です。

今、さらっと「たかが会社」と言いましたが、会社なんて、人生の中では駅みたいなものです。ただの通過点。通り過ぎてしまえば、次の駅が待っています。

自分の人生における「プライオリティのナンバー1」は、間違いなく自分です！

自分を犠牲にしてまでも、背負ったほうがよいものなんて、何ひとつありません。

第12話

「手抜き力」のカリスマ？

古代中国の思想家、老子《ろうし》。

明治大学文学部教授の齋藤孝さんは、この老子のことを、**「手抜き力のカリスマに認定されるべき人物」**と言っています。

なぜかというと、老子の思想として知られる「無為自然《むいしぜん》」が、究極の「手抜き思考」であり、「手抜き力」を極《きわ》めていくと、「最終的には、この老子に行きつく」からなのだとか。

ということは、ものごとを難しく考えてしまい、「あーしなければ、こーしなければ」と悩んでしまう「手抜きができない人」は、どうやら老子に学ぶのがよいみたいです。

では、老子の思想、「無為自然」とは、いったい、どんな考え方なのか？

辞書で調べてみると、およそ次のように説明されていました。

【無為自然】 作為がなく、宇宙のあり方に従って自然のままであること。

「宇宙のあり方」というと壮大ですが、これは「あるがまま」というニュアンス。
無為の「為」は、「わざとらしい振る舞い」のことですから、「無為」とは、「何もしない」ということではなく、「作為的なことをしない」という意味になります。
それを踏まえて意訳すると、「**あれこれと考えて余計なことをせず、自然な状態や流れのままにしなさい**」という感じでしょうか。
私流に言えば、次のひと言です。

「**無理すんな……**」

無理をするから、無理が出てくる。
無理せず、自然の理《ことわり》に従っていれば、おかしなことにはなりません。

考え過ぎて、疲れてしまう人は、ぜひ、「ありの～、ままの～」なんて、『アナと雪の女王』でエルサが歌った曲、「レット・イット・ゴー」でも口ずさみながら、この「無為自然」を意識するとよいかもしれません。

もう1つ、老子の言葉の中で、私が大好きな言葉を紹介しましょう。

「上善《じょうぜん》は水の如《ごと》し」

口当たりのよい日本酒の銘柄にもなっている言葉ですね。
老子は、およそ、次のようなことを言っています。

最善の生き方は、「水」のようなものである。
水は、万物に利益を与えながらも、決して誇らない。
水は、丸い器に入ると丸くなり、四角い器に入れると四角くなる。つまり、柔軟で、誰とも争わない。

水は、下へ下へと流れ、低いところに身を置く。
しかし最後には、海という偉大な存在となる。

いかがですか？　たくさんの人たちに利を与えているのに威張《いば》らず、柔軟で、謙虚で、それでいて、大きな思想とつながっている。

水って、カッコイイと思いませんか？

私は一時期、サインを頼まれたときに、この「上善如水」という言葉を添えることが何度かありました。でも、相手が日本酒好きだと、「あっ、このお酒、私も好きです」なんて言われることがあり、いつの間にか、書かなくなってしまいました。

第13話

「積み重ね」よりも「積み減らし」

大阪万国博覧会の象徴《しょうちょう》となった「太陽の塔」の作者であり、「芸術は爆発だ」という名言でも知られる、芸術家の岡本太郎さん。

その岡本太郎さんの言葉です。

「人生は『積み減らし』だ」

おおっ！

普通、人生は経験がモノを言う、だから「積み上げ」とか「積み重ね」が大事って言いますよね。

でも、岡本太郎さんは、「積み重ねる」よりも「減らせ」と。

もともとは、こんな言葉です。


「人生は積み重ねだと誰でも思っているようだ。

ぼくは逆に、積み減らすべきだと思う。

財産も知識も、蓄《たくわ》えれば蓄えるほどかえって人間は自在さを失ってしまう。

過去の蓄積にこだわると、いつの間にか堆積物《たいせきぶつ》に埋もれて身動きが出来なくなる。

（中略）

捨てれば捨てるほど、いのちは分厚く、純粋にふくらんでくる。

今までの自分なんか、蹴《け》とばしてやる、そのつもりでちょうどいい」


たしかに、会社の中にも、過去の栄光や実績に、ずっとすがっている人っていませんか。

若い後輩と飲みにいくと、「オレだって、昔は……」「あのシステムはオレが苦労して作って……」って、過去の自慢話しかしない。

カッコ悪いし、「終わっている」っていう気がします。

過去の実績にすがっていても、未来は何も変わりません。

よく、「自分の中に、何か新しいものを取り入れるためには、自分の中にある古いものを捨てなければならない」っていいます。

「自分のステージを上げるためには、それまでつき合っていた人たちと別れて、次のステージの人たちと知り合いにならなければならない（あるいは、自然にそうなる）」というのも、よく、自己啓発の本に出てくる言葉です。

これらの真意も、「積み減らすからこそ、空きスペースができる」という考え方につながるのではないでしょうか。

アニメ映画界の巨匠《きょしょう》、宮崎駿《はやお》監督は、かつて、ニューヨーク近代美術館で、記者から「若いアニメ作家へのアドバイスをお願いします」と聞かれて、こんなことを言っています。

「成功するための条件は3つ。若いこと、貧乏であること、そして、無名であること」

これはもともと中国の政治家、毛沢東《もうたくとう》の言葉で、宮崎監督は、自身が若い頃からこの言葉を大切にしています。

若ければ、新しいことに挑戦する意欲がある。そして、何より時間がある。
貧乏なら、成功を目指して頑張ろうと思える。
無名であれば、世間からのおかしな期待やしがらみがなく、自由にやれる。

宮崎監督の思いは、たぶんそんな感じでしょう。

3つ目は、岡本太郎さんの言う、「財産も知識も、蓄えれば蓄えるほどかえって人間は自在さを失ってしまう。過去の蓄積にこだわると、いつの間にか堆積物に埋もれて身動きが出来なくなる」そのもののような気がします。

あなたは今、おいくつですか？　もし、積み上げてきたものがあったら、あえて、それを捨てることで、新しい未来の扉が開くかもしれません。

えっ？「まだ、若くて、貧乏で、無名」ですって？

よかった。それは、成功するための条件を全部持っているということですね。

第14話

ツラいときには「私は女優仕事術」！

会社という組織に所属して仕事をしていると、時として、理不尽《りふじん》な目にあうことは避けられません。

例えば……。

上司から突然、絶対に間に合わないような納期で大量の仕事を依頼される。

自分ではなく後輩のミスなのに、取引先で土下座して謝る。

休日に上司の子どもや飼い犬の世話をさせられる。

えっ？　「いくらなんでも、そこまではない」ですって？

それはよかった。あなたが勤めている会社は、良識ある会社なのですね。

今、挙げた3つの例を、すべて、某《ぼう》企業の社員時代に経験した方がいます。
現在は、その会社を退職し、税理士、コンサルタント、建設会社の総務経理担当役員、大学講師、セミナー講師、そしてビジネス書の著者という6つの顔を持つ石川和男さんがその人。
先の3つの体験は、すべて、石川さんがもともと働いていた会社で実際に経験したことだそうで、今なら、パワハラで訴えれば、裁判で簡単に勝てるようなことも多々、経験したとのこと。

その当時、石川さんがメンタル面を崩すことなく、なんとか乗り切ることができたのは、自ら考案した、ある仕事術を実践していたおかげなのだといいます。
それは、どんな仕事術か？

名づけて、**「私は女優仕事術」**！

やり方は簡単です。

「自分のことを女優だと思い、理不尽な仕打ちはすべて映画の中の出来事だと思う」

それだけです。

映画やドラマ、アニメのヒロイン……、例えば、名画『風と共に去りぬ』のスカーレット・オハラや、ＮＨＫ朝ドラ『おしん』の主人公、しん、漫画『キャンディ・キャンディ』のキャンディなどは不幸の連続ですよね。

自分は今、そういう役を演じているのだと思うのです。

そして、**「私は、ヒロインとして、この苦難に耐える役を演じ切る！」**と考える。

えっ、そんなことで？　って思いますか？

石川さんは、実際にそう思うことで、数々の理不尽な仕打ちに耐えたそうです。

それどころか、何しろヒロインなので、「主人公らしく、前向きに事態に対処できるようになっていた」とのこと。

そう言えば、お笑いトリオ、ジャングルポケットの斉藤慎二さんも、小学生の頃にイジメにあって自宅に引きこもってしまいましたが、中学になって**ドラマや演劇を見て「役に成り切った」**ら、自分を変えることができて立ち直ったそうです。

「試してみてもいいけど、ヒロインは嫌だ（というか無理）」というのなら、「自分は半沢直樹、どんな苦難にも負けない！　倍返しだ！」って思ってもいい。

進化形として、客先のプレゼンのときは、「私はスティーブ・ジョブズの生まれ変わり！　プレゼンの神だ！」という役を演じるのもアリです。

コツは、**「物語の世界で演じている」というスタンス**です。

「これは現実世界ではなく、架空《かくう》の世界の出来事なんだ、私はそこで、主人公を不幸な目にあわせることが大好きな脚本家が書いた役を演じているだけなんだ……」と思うことで、一種の現実逃避《とうひ》ができるのです。

私はかつて、会社員だったときに、仕事のプレッシャーでメンタルをやられてしまい、会社に出て来られなくなって、そのまま休職、退職してしまった人を何人か見てきました。

そういう人たちが、もし、この「私は女優仕事術」を知っていたら、もしかしたら石川さんのように、紙一重《かみひとえ》のところで、メンタルをやられずに済んでいたかもしれないと思うと、本当に残念でなりません。

第15話

「私は生意気な人がほしい」

ソニー株式会社の創業者の1人、盛田昭夫さんは、新入社員の入社式の挨拶《あいさつ》で、よく、こんなことをおっしゃっていたそうです。

「ソニーに入ったことを、『ここはちょっと違うな』と後悔することがあったら、すぐに退職して、転職をしてほしい。人生は1度しかないのだから」

これからソニーに入社して頑張ろうと、目をキラキラさせて入社式にやってきた若者たちに対して、いきなりこんなことをおっしゃるのです。

これは、井深大《いぶかまさる》さんとともに、ソニーを立ち上げ、世界的な企業に育て上げた盛田さんならではの言葉なのではないでしょうか。

何しろ、日本初のトランジスタラジオや、「歩きながら音楽を楽しむ」という新たなライフスタイルをもたらした「ウォークマン」の発売など、世の中を変える「革新的な夢」を実現してきた発明家のようなスピリットを持っておられた方です。

そのご自身の人生を鑑《かんが》みて、「自分の人生なのだから、会社に縛《しば》られることなく、自由に夢を追いかけてほしい」というメッセージを若者に訴えられたのでしょう。

もちろん、「ソニーは君たちの期待を裏切らない」という自信もあったはず。

その証拠に、この言葉のあとには、こんな言葉が続くのです。

「本当にソニーで働くと決めた以上は、お互いに責任がある。あなたたちも、いつか人生が終わるそのときに、『ソニーで過ごして悔いはなかった』と思ってほしい。ソニーは、意志を持ってともに未来を切り拓《ひら》く仲間を歓迎します」

そんな盛田さんは、新卒採用のためのパンフレットの紙面で、「ソニーが求める人材」について、こんな考えを披露しています。

「誤解を恐れずに言うと、私は生意気な人が欲しい。ソニーというのは『生意気な人』の個性を殺さない会社です。思わず腹立たしくなるような生意気な人が、すばらしい仕事をする会社ですよ。そういう人たちの挑戦的な姿勢が、ソニーの原動力です」（1982年度の新卒採用パンフレットより）

先輩たちが「こいつ、生意気な」と思うくらい積極的に自分を出して、チャレンジしてほしいということですね。

「朱《しゅ》に交《まじ》われば赤くなる」ということわざがあります。

これは、「人は周りの環境に影響されやすく、交際する相手によって、善にもなれば悪にもなる」というような意味。

会社員も、入社した会社の社風や先輩の仕事のやり方に影響を受けて、知らず知らずのうちに、会社色に染《そ》まってしまうことが多い。

入社した会社が、人生を捧《ささ》げるのにふさわしい素晴らしい社風で、一生ついて行きたくなるような先輩に恵まれることもあるでしょう。実際に私は、何人かそういう方を知っています。

しかし反対に、入った会社が自分に合わず、仕事がツラかったり、すっかりやる気をなくしてしまったりする人がたくさんいるのも事実。

そんな状態でずっと我慢を続けるのは、自分の人生に対して失礼です。

だって、ビジネスパーソンにとっては、少なくとも、1日の3分の1が会社員としての時間なのです。

自分の人生で一番大切なのは自分です。

自分に合わない会社なんかに、無理して染まらなくてもいいし、それこそ、生意気な社員になってもいい。

昔と異なり、終身雇用はとっくに崩壊《ほうかい》しているのですから、どうしても合わなければ、盛田さんの言葉の通り、転職だってありです。

そして、そんなふうに「いつでも辞めてやる」と思うことで、心に余裕が生まれることもあります。

第16話

8割できれば感謝！

世界の一流企業の創業者。

グーグルのラリー・ペイジ。

フェイスブック（現在の社名はメタ・プラットフォームズ）のマーク・ザッカーバーグ。

マクドナルドのレイ・クロック。

ゴールドマン・サックスのマーカス・ゴールドマン。

これらの人たちの共通点。

それは、いずれもユダヤ人の血を引いているということ。ついでに言えば、かつて大富豪として知られたロスチャイルド家もユダヤ人の家系です。

ユダヤ民族には、「ユダヤの商法」と呼ばれる「商売の極意」が引き継がれていて、とにかくお金儲《もう》けがうまい。

ところが、ユダヤの人たちに、「人生の目的はなんですか？」と聞くと、「お金儲け」とは答えないのだといいます。

では、彼らの人生の目的は何か？

「人生の目的はなんですか？」と聞かれると、多くのユダヤ人はこう答えるのだとか。

「美味《おい》しいものを心ゆくまで食べること」

「お金儲け」は、あくまでも、「美味しい食事を大好きな人とゆっくり食べる」という目的を叶えるためのツールでしかないと考えているのだそうです。

人生は楽しんでナンボ！　ブレていませんね。目的と手段がしっかりと定まっています。新橋でサラリーマンに「人生の目的はなんですか？」と聞いて、即答できる人が、果たして何人いるでしょうか？

この目的が定まっている姿勢。学びたいものです。

もう1つ。ユダヤ人の間でずっと引き継がれている法則について紹介します。


それは、「**78対22の法則**」と呼ばれるものです。

有名なので、ご存知かもしれませんね。

これは、その名の通り、**世の中のあらゆることは「78対22」という比率で成り立っていて、この比率を意識すればうまくいく**という考え方です。

世の中のあらゆることって、例えば……。


人間の体の水分とそれ以外の比率は78対22。

空気中の成分の窒素《ちっそ》とそれ以外の気体の比率は78対22。

地球の海と陸の比率は78対22。

円に外接《がいせつ》する正方形を描《えが》いたとき、正方形の面積を100とすると、円の面積と残りの面積の比率は78対22。

人間の肺呼吸と皮膚呼吸の比率は78対22。

腸内の善玉菌と悪玉菌の理想的な比率は78対22。
一般人とお金持ちとの比率は78対22。

この比率で、さまざまなものが、ある意味、安定しているのです。

ユダヤの商法を価格設定などの経営戦略に取り入れていた、日本マクドナルド等の創業者、藤田田《ふじたでん》さんは、その著書の中で、ユダヤ人は何かをはじめるとき**「合格点は60点くらいでよいと考える」**とおっしゃっています。

人生の希望も**「6割達成できればまあまあ。7割いけば上出来、8割できれば感謝」**と考える。

私はかねがね、**「完璧を目指しても時間ばかりかかるし、やめどきがわからなくなる。**何ごとも80点くらいで丁度《ちょうど》よい**」**と考えるようにしてきましたが、世界の成功者を輩出《はいしゅつ》するユダヤの人たちは、もっと、ゆるい感覚なのですね。

これからは、私も、「7割いけば上出来、8割できれば感謝」の精神でいきたいと思います。

第17話 チャンスは○○服を着てやってくる

ある朝に突然、上司に呼び出されて、こう言われたとしたら、あなたはどう感じますか？

「社内イベントの企画推進の取りまとめ役をやってくれないか」
「業務改善プロジェクトのリーダーを引き受けてほしい」
「会社設立25周年記念誌の発行責任者をやってもらいたいんだ」

聞けば、今やっている仕事はそのまま継続して、追加でやってほしいとのこと。
簡単に言えば、余計な仕事が増えるということです。
白羽《しらは》の矢を立ててもらうのは嬉しくないことはないけれど、正直、「なんだか、ちょっとたいへんそうだな」って思うのではないでしょうか？

そんなときに、思い出したいエジソンの名言があります。


「チャンスは作業服を着てやってくる」


「作業服を着て」というのは、つまり、「なんだか仕事（作業）が増えそうだな」というイメージ。

上司から打診されて、もし、受けてしまったら、それなりの苦労が待っている。そしてそれなりの覚悟と努力も必要。でも、なんとなく、自分にとって「自己成長のチャンス」のようにも感じられる……。

まったく、「チャンスは作業服を着ている」とは、うまいことを言ったもの。

このエジソンの言葉は、略さずに言うと、次のような言葉です。


「チャンスがドアをノックしていても、ほとんどの人が気づかないのは、チャンスがたいてい作業服を着ていて、骨が折れる仕事のように見えるからだ」

私自身の人生を振り返ってみると、さしずめ、サラリーマン時代のある日の朝に、人事課長から会議室に呼ばれて言われた次の言葉が「作業服を着てやってきたチャンス」だったのかもしれません。

「社長秘書をやってもらおうと思っているんだけど、どうかな？」

それまで、総務部で広報を担当していた私にとっては、はっきり言って青天《せいてん》の霹《へき》靂《れき》以外のなにものでもありませんでした。

えっ？　何？　社長秘書？　自分が？　できるのか？　っていうか、社長秘書ってそもそも何するの？　いや、もしかしてこれ、ドッキリ？

一瞬にして、頭の中を「？マーク」が大名行列。

しかも、広報の仕事は続けたまま、兼任でやってもらいたいと……。

社長秘書って、兼任でできる仕事なの？

正直、これはえらいことになったと思いました。でも、本当に今でも不思議なのですが、そのときの私は、断ることも、「考えさせてください」と言うこともなく、

「ご指名でしたら」と、その場で社長秘書の仕事を受けることを承知したのです。

で、結果はどうだったのかというと……。

本当に、自分を成長されてくれたと思います。

それまでの広報の仕事……とくに社内報の原稿執筆や編集は、私にとっては天職なので、誤解を恐れずに言えば「流していても簡単にできてしまう」仕事でした。

しかし、社長秘書の仕事はそうはいきません。気合いを入れて、積極的に新しいことを吸収し、スピードアップと前倒しを実行し、周りへの配慮と根回しを忘れないなど、**仕事のやり方と考え方を根本的に変える必要**がありました。

もし、人生のこの時点で、こうした経験をしていなければ、フリーランスになってから、自分で仕事を生み出し、たくさんの出版社さんと、ここまでうまく仕事を進めることは、到底できなかったのではないかと思っています。

あなたもぜひ、一見、骨が折れる仕事に見える「作業服を着ているチャンス」が目の前に現われたときは、尻込みせずに、「やってみるか！」って思ってみてください。自分にとって大いにプラスになるかもしれません。

第18話

山頂にたどり着いたカエル

「カエルの登山」という寓話《ぐうわ》をご存知でしょうか？

かいつまんでお話しすると、それはこんな話です。


「ぜひ山に登ってみたい」と思ったカエル10匹が山のふもとに集まった。

それを見た仲間のカエルたちは口々にヤジを飛ばす。

「オレたちカエルに山登りなんてできるわけないだろ！　行くだけ無駄だよ」

しかし、10匹の決意は固く、仲間がとめるのも聞かずに出発した。

山の中腹まで登ったカエルたちは、山ウサギたちに出会った。

カエルたちの話を聞くと、今度は山ウサギたちがこう言ってきた。

「この山はすごく高いんだ。君たちカエルの足で山頂までなんて行けるわけないね」

山ウサギの話を聞いて、5匹のカエルがあきらめて山を下りた。

残った5匹がさらに進むと、樹海《じゅかい》でリスの1種であるマーモットに会った。

「頂上まで行くなんて無謀《むぼう》ですよ」

マーモットにもこう言われ、さらに2匹が下山した。

残った3匹がさらに登ると、今度は高山に住むヤギが現われ、カエルたちを見て、嗤《わら》いながら言った。

「もう引き返したほうがいいんじゃないのかい。その調子じゃ、あと1か月登っても山頂には着かないさ」

この言葉で2匹が挫折《ざせつ》して下山した。

最後に残った一匹。その後、長い時間はかかったが、とうとう山頂までたどり着いた。それを知って驚いたのは途中であきらめた9匹のカエルたちだった。

下山してきたカエルを囲んで、口々に褒《ほ》めたたえ、聞いた。

「すごいね！　いったいどうやって最後まで登ったの？　どうして、あきらめなかったの？」

しかし、聞かれたカエルはキョトンとした顔をしていた。

唯一、山頂にたどり着いたカエルは、耳が聞こえなかったのだ。

41ページでも触れた、夢をつぶしにくる「ドリームクラッシャー」。

夢を実現したければ、そういうドリームクラッシャーの言葉に耳を傾けずに、ゴールを目指して一歩一歩進んでいくことです。

耳が聞こえず、「訳知《わけし》り顔のドリームクラッシャー」たちの言葉が耳に入らなかったカエルは、図らずもそれを実行できたわけです。

自分をへこませるマイナス言葉への対処法は、耳を傾けないのが一番。

でも、つい、耳や目に入ってしまったときはどう対処するのがよいか？

無視するという手もありますが、もう1つ、「**自分の栄養にしてしまう**」という手もあります。

焼肉のチェーン店、「牛角」の話。

創業時、なかなか客足が伸びなかった同店では、思い切ってあるサービスをはじめました。そのサービスとは……。

お勘定《かんじょう》のとき、牛角に対する悪口（クレーム）を言ってくれたお客様は割引する！

こうして、牛角は、「お客様の要望」「店舗やサービスの改善すべき点」などの情報を集め、それを飛躍の糧《かて》にしたのです。

この、「マイナス情報を栄養にしてしまう」という方法。

カエルの寓話で言えば、「話を聞くと、よほど山頂は遠いのだな、では、急がず無理せず長期戦で行こう」と考えるなどが、栄養にして役立てるということですね。

第19話

「やりたいこと」は自分次第

ＮＨＫで放送中の子ども向けアニメ『おじゃる丸』。その登場人物に、主人公のおじゃる丸の親友で田村カズマという名の男の子がいます。

サッカー好きで優しい小学生なのですが、趣味がちょっと変わっているのです。

このカズマ君、「ごく普通のなんの変哲もない石」を集めるのが大好き！

道ばたや河原で、何の変哲もない、ごく普通の石を見つけると、「ああ〜、この普通さ、たまらな〜い」とか言って、頬《ほお》ずりをして愛《いと》おしむ。そして、後生大事に持ち帰って、コレクションに加えるのです。

はっきり言って、本人以外は理解に苦しむ趣味。

でも、好きなものも、集めたいものも、やりたいことも、そんなのはすべて、その人の自由です。他人には、とやかく言う資格はありません。

たとえあなたが、イヌの肉球の匂《にお》いを嗅《か》ぐのが好きだろうが、使い古しの爪楊枝《つまようじ》を集めることに夢中になろうが、それはあなたの自由。

「世界征服したい」とか、他人に迷惑がかかることでなければ、なんの問題もなし。恥じる必要も、「なんで自分は……」と戸惑《とまど》う必要もありません。

それに、だいたい趣味嗜好《しこう》などというものは、他人にはわからないものです。

手作りだという赤いフリフリの衣装をつけて、東京都内の路上に出没する、キャンディ・H・ミルキィさんという男性がいます。

もともとは、アマチュア女装者向けの雑誌『ひまわり』（現在は廃刊）の編集長兼発行人で、日本における女装愛好界の超有名人。

子どもの頃、銭湯に行ったとき、4歳年上のお姉さんのブラウスを親から間違えて渡され、それを着て帰ったのが、女装への本格的な目覚めだったといいます。

その後、23歳で結婚し、3人のお子さんも授《さず》かりましたが、忘れかけていた女装趣味が復活したのは26歳のある日のこと。テレビでフリフリの衣装を着けて歌う松田聖子さんを見たのが再燃のきっかけでした。

その後は、奥さんに隠《かく》れて、日曜日に女装して外出し、周りの人たちの視線を浴びるのが楽しみに……。

しかし、そんな生活が気づかれないはずもなく、キャンディさんの趣味を知った奥さんは、キャンディさんが42歳のときに家を出て行ってしまいました。

奥さんと別れて、ある意味、自由になったキャンディさんは、その後も女装して町に出る趣味を続け、70歳を超えた今も、それを楽しむ生活を続けています。

そんなキャンディさんが、テレビ番組に取り上げられたことがあります。

印象的だったのは、キャンディさんのお子さんの言葉です。「父親の女装についてどう思うか？」と尋ねられたキャンディさんの三男は、こう答えたのです。

「子どもの頃は抵抗がありました。でも今は、好きなことを貫いて生きる父親を尊敬しています」

父親の生き方を認める言葉に感動しました。

そして、キャンディさんのお姉さんもまた、**「この年になっても楽しいことがあるっていいよね」**と、生きがいを持つ弟を羨《うらや》ましがっていたのです。

私がもっとも感動したのは、「もし、生まれ変わったら何がしたいですか？」という質問に対するキャンディさんの答えです。てっきり、「今度こそ、女性に生まれたい」と答えると思いきや、キャンディさんは、こう答えたのです。

「もちろんまた、男に生まれて、女装を楽しみたい！」

現在は、葛飾区柴又の「昭和レトロ喫茶セピア」で「キャンディ・キャンディ博物館」の館長を務めるキャンディさん。

心の底からやりたいことを楽しみ、正直に、自分のまま生きているキャンディさんが、私にはとてもカッコよく見えました。

第20話

人生のハーフタイム

放送作家、脚本家、企画会社の経営者と、さまざまな顔を持つ、小山薫堂《こやまくんどう》さん。アカデミー賞の外国語映画賞を受賞した映画、『おくりびと』の脚本や、熊本県のゆるキャラ、「くまモン」の仕掛人としても知られています。

そんな小山薫堂さんは、仕事が絶好調で、多忙を極めていた50歳のときに、突然、1か月間の休暇を取ったことがあります。

なぜ、そんなことをしたのか？

それは、薫堂さんが、かねがね口にしていた次の言葉を有言実行するためでした。

「50歳は人生のハーフタイム」

人生の後半をよりよいものにするために、本当にハーフタイムの休み時間を取ったのです。

1か月の休暇後。「休んだ感想」を聞かれた薫堂さんは、こう回答しています。

「休んでよかったですね。何かが劇的に変わったわけではありませんが、確実に人生のリセットになりました。僕が総理大臣になったら、『人生のハーフタイム休暇法案』を提出します」

「人生の節目《ふしめ》」という言葉があります。

よく言われるのは、「就職」「結婚」「引っ越し」「転職」などでしょうか。

でも、このうち「結婚」「引っ越し」「転職」はしない人だっている。

そうすると、サラリーマンにとって、「就職」の次に、「必ずやってくる人生の節目」というのは、「定年」になってしまうんですね。

それって、ものすごく、間が長い。

「仕事が大好き、会社一筋」という人が、定年に際して、こう言っているのを聞いたこと、ありませんか？

「就職してから、無我夢中で今日（定年）までやってきました」

良い悪いは別にして、仕事に夢中になって過ごしていると、「就職」と「定年」の間に「節目」がないまま、「気がつけば定年」と、そんな人生になってしまう可能性が高いのです。

ですから、仕事年齢の途中で、自主的に「ハーフタイム」を設《もう》けてみてはいかがでしょうか？

そのハーフタイムを取るのに、もっとも適した年齢が、薫堂さんが実行したように、50歳なのではないかと思うのです。

あっ、勘違いしないでくださいね。50歳を人生の「折り返し地点」と考えるのではありません。あくまで、「ハーフタイム」です。

マラソンの折り返し地点では、走るのをやめませんよね。

折り返し点ではなく、ハーフタイムですから、「一度、走るのをやめて休んでください」ということです。

では、休んで何をするのか？

サッカーでもラグビーでも、ハーフタイムにやることは一緒です。

それは、**疲れた体を休めることと、後半戦に向けて作戦を練ること！**

50歳という人生のハーフタイム。薫堂さんのように1か月が無理なら、10日でも1週間でもよいので、人生の後半に向けての作戦を練る時間を設けてみてください。

もちろん、まだ若くて、「50歳なんて気が遠くなる」という方は、30歳でも40歳でも、お好きなタイミングで、何度かハーフタイムを取ったってオーケーです。

ちなみに私は、20代の頃からずっと、おぼろげにですが、「50歳になったら会社を早期退職して自由になろう」と考えていました。

結果、早期退職は数年ほど後ろにずれましたが、はじめての本を出したのはちょうど50歳のとき。それが、人生の後半戦のスタートになっています。

3

何気ない毎日を楽しむために——

——思わずニコリとする10の話

第21話

「いい先生」の条件は？

あなたには、印象に残っている学校の先生がいますか？

「恩師」という言葉があるくらい、先生からのアドバイスやちょっとしたひと言が、ずっと心の支えになったり、時にはその後の人生を決めるきっかけになったりすることがあります。

これは、そんな話。

手がけた本の累計《るいけい》は1000万部以上。10万部超えのベストセラーをこれまでに50冊以上も手がけているという編集者、柿内尚文《かきうちたかふみ》さん。近年は編集だけでなく、自ら本を執筆され、その本もまたベストセラーになっています。

その著書に出てくる、柿内さんが小学4年生の頃の思い出です。

子どもの頃から「人を楽しませること」が大好きだった柿内さん。

友だち2人と「クラスのみんなを面白がらせることをやりたいね」とあれこれ考え、パチンコ台を作ることを思いつきます。

3人で手作りし、完成させたのは、サイズ70～80センチくらいの木の台に釘《くぎ》を打ち込み、球《たま》はビー玉という代物《しろもの》。

「点数を競うようにしたら盛り上がるのでは？　と考えて、穴には点数を書きました」とのことなので、柿内さんは「パチンコ台」と表現していますが、大人がチンチンジャラジャラと楽しむパチンコ屋のパチンコ台ではなく、昔の温泉地の娯楽施設などにあった「スマートボール」（わからない人はおいていきます）のようなものだったのだと思います。

さあ、できあがったパチンコ台を学校へ持っていく日は、期待と不安で、もう朝からドッキドキです。

もしかしたら先生に怒られるのでは？

クラスのみんなは相手にしてくれないのでは？

でも、そんな心配は杞憂《きゆう》でした。

パチンコ台はクラスメイトたちに大ウケで、休み時間のたびに、パチンコ台の前に行列ができたのです！

そして、柿内さんにとって何よりも嬉しかったのは担任の先生の反応でした。先生は、このパチンコ台のことを保護者向けの学級新聞で取り上げ、柿内さんたちがクラスのみんなを楽しませたことを絶賛してくれたのです。

その学級新聞の記事は、先生のこんな言葉で締めくくられていました。


「この子たち、なかなかやるな」


ああ、なんて、いい先生なのでしょうか！

柿内さんはこう言っています。

「面白いことを考えて、それを実行したら、こんなに喜んでくれる人がいる。僕の仕事の原点はここにあります」

このときもし、先生が「教室にパチンコ台を置くなんて、絶対にダメです！」って叱《しか》っていたら、のちの大編集者は誕生していなかったかもしれないのです。

学校の先生の言葉が、子どもの将来に影響を与えることがある。

「子どもの自由な発想を否定しない」ことが、よい先生の条件の1つなのかもしれません。

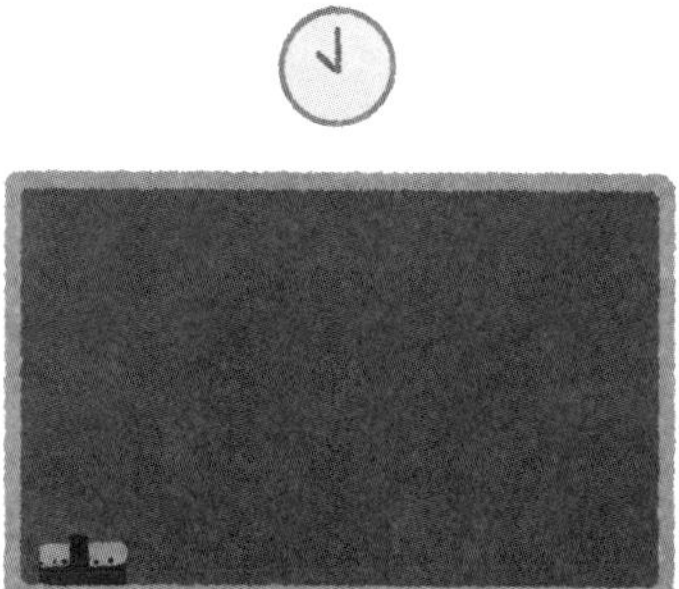

第22話

「どうやったらできるのか？」を考える人

「もう一度、プロ野球選手になる！」

誰もが驚く宣言をして、住んでいたバリ島から帰国。

２０２０年末にトライアウト（プロ野球で戦力外通告を受けるなどした選手が、現役続行を目指して各球団にアピールするための機会）を受け、タイムリーヒットを放ったものの、どこの球団からも声がかからなかった新庄剛志《つよし》さん。

２０２１年のシーズンオフに、まさかの北海道日本ハムファイターズの監督に就任して驚かせてくれました。

就任挨拶で「優勝なんかいっさい、目指しません。僕は！」と言い放ったり（就任会見でそんなことを堂々と宣言したプロ野球の監督は世界初なのでは……）、自分の正式な登録名を「ＢＩＧ ＢＯＳＳ」にしたりなど、相変わらず、その破《は》天荒《てんこう》ぶりで野球ファンを楽しませてくれています。

そんな新庄さんが、テレビ番組で見せたエピソードです。

それは、日本に帰国して、トライアウトを受ける直前にオンエアされた、ある番組での一幕。

番組の趣旨《しゅし》は、「はじめてのことにチャレンジする」。

この番組で新庄さんは、激辛で知られる「蒙古《もうこ》タンメン中本《なかもと》」の完食にチャレンジしました。

実は新庄さん、辛いものが大の苦手。

スナック菓子の「カラムーチョ」も食べられないというのですからホンモノです。

番組の企画は、そんな新庄さんが、同店で一番辛いという「北極」というメニューを完食できるかどうかというものでした。

ところが……。

来店した新庄さん、「これより辛いのあるんですか?」と質問。

店主が「北極10倍というのがある」と答えると、こう言ったのです。

「じゃあ、それを」

これには同行していたタレントも「ええーっ」です。

だって、辛いモノが苦手だと言った舌の根の乾《かわ》かぬうちに、まさかの自分からのハードル激上げです。

やがて運ばれてきた「北極10倍」は、その名の通り「北極」の10倍の辛さ。もはや、汁モノというよりも「辛子の赤いドロドロのマグマの中に麺がある」という状態。どう考えても、辛いモノが苦手な人が完食できる代物ではありません。

ひと口食べた新庄さん。

「息ができない……」

私が感動したのはここからです。

そのあまりの辛さに、新庄さんはどうしたか?

急きょ、お店に頼んで牛乳とハチミツを追加注文すると、タンメンをひと口食べては牛乳とハチミツをがぶ飲みし、最後は汁の中に水を入れて、とうとう麺を食べ切ってしまったのです。

「いやいや、そんなのお店に失礼だし、牛乳やハチミツに頼るのは、ルール違反でしょ」と言う人はたくさんいるでしょう。

でも、私は、辛いモノが苦手なのに、自らハードルを上げ、やり切ると決め、とにもかくにも、やり切ってしまった新庄さんの姿勢に感動してしまいました。

できない理由を並べ立てるのは簡単です。

殻《から》を割って卵を立てたコロンブスに「ルール違反だ」と言うのも簡単。

そういう、できない言い訳を言う人、できた人を否定する人が多い世の中で、**カッコよさなんて関係なく、どうやったらできるかを貪欲《どんよく》に考えて、最後は目的（麺を食べ切る）を達成**してしまったビッグボスは、私にはとてもカッコよく見えました。

かつて、「どうやったら敬遠のボールを打てるか？」「どうしたらオールスターでMVPを獲《と》れるか？」「どうしたら日本ハムを日本一にできるか？」と、そんなことを真剣に考えて、すべて、実現してしまった新庄ビッグボスの真骨頂《しんこっちょう》を見る思いがして、なんだか、パワーをもらったのでした。

第23話

何を言っても許される(?)人

あるベテランお笑い芸人が、高田純次さんについてこんなことを言っていました。

「あの人はすごい、テレビで何を言っても許される、ほぼ唯一の人だと思う。地方の魚市場へ行ったとき、その魚市場のマドンナと呼ばれている女性を見て、こう言ったんですよ『なに服なんか着てんの、脱いで脱いで！』。そんなこと、僕が言ったら捕《つか》まっちゃうよ……」

そんな「歩く治外法権《ちがいほうけん》」の高田純次さんは、私にとっては「理想のジジイ」ナンバー1。少しでも、その域に近づこうと、高田さんが出演する番組（たとえばテレビ朝日の『じゅん散歩』など）で放つギャグを、せっせとメモしています。

では、そのメモから、高田さんでないと怒られそうなものをいくつか……。

✦歯医者さんで、奥から出てきた院長を見て。

「院長、若いね。カネで院長になったとか？」


✦新ドラマの番宣《ばんせん》で来た女優に。

「で、そのドラマは、最終的には、どんな感じで終わるの？」


✦髪を赤く染めている若い女性に。

「頭、錆《さ》びてるみたいだけど、大丈夫かな？」


✦提灯《ちょうちん》を作って売っているお店で。

「えーと、これはいくらで作って、いくら儲けてるんですか？」


✦渋谷区千駄ケ谷にある「将棋会館」の受付で。

「どうも、加藤一二三《ひふみ》だけど羽生《はぶ》ちゃんいる？」

もうすぐお母さんになるという妊婦さんに。

「うわ〜、どうしよう、当日、病院に行こうか？」

お寺の境内《けいだい》で、施錠《せじょう》された観音《かんのん》開きのほこらを見つけて。

「これは、強引に開けちゃマズイですよね」

豪華な店内装飾を見て。

「イヤと言うほどお金かけちゃったねぇ」

老舗《しにせ》のうなぎ屋さんで。

「こだわりはありますか？　ヤツメウナギは使わないとか」

100種類のパスタができるというイタ飯屋《めしや》さんで。

「えーと、100種類のパスタができるっていうのはハッタリみたいなもんでしょ」

✦マグロの解体ショーを見て。

「スゴイね〜、俺も昔、武士だった頃に、人を斬《き》ったことはあるけど」

✦マグロの解体ショーを見たあと、そのマグロを食べながら。

「これ、うまいねぇ。なんの魚？」

こうやって並べてみると、たしかに高田さん以外のタレントが言ったら、相手が怒り出すか、視聴者から「相手に失礼」と抗議が来てもおかしくない内容ばかり。

あるテレビ番組では、視聴者からの「親が実家に帰って来いとしつこいのです。どうしたらよいでしょう？」という質問に、こう回答していました。

「そんなの自分は死んだって実家へ連絡すれば。本人からだとバレちゃうから、友だちから連絡してもらえばいいんじゃない。なはは」

高田さんにかかると、悩みも笑い飛ばしておしまい。素晴らしいです。

第24話

ディカプリオの犬

俳優のレオナルド・ディカプリオと言えば、映画『タイタニック』がヒットした頃、日本では「レオ様」などと呼ばれ、いっとき、イイ男の代名詞でした。

多くの女性が、『タイタニック』で、恋人を残したまま、氷の海に沈んでいくレオ様の姿に涙したものです。

これは、そんなレオ様が2021年の冬に体験した話。

ちょっと、その人柄が伝わってくるエピソードです。

その事件（？）は、レオ様が、愛犬であるハスキー犬、ジャックとジルの2頭を連れて、映画の撮影地であるボストンにいたときに起こりました。

このハスキー犬は、恋人でモデルのカミラ・モローネが保護して家族に迎え入れた3頭の犬のうちの2頭。その性格は、周りの人たちの声を総合すると、「ちょっとやんちゃでアブナイ」とのこと。

さて、その日。やんちゃぶりを発揮した、2頭のうちの1頭が、なんと、凍《こお》った湖に落ちてしまったのです。

レオ様曰く、「普段、(温かい)カリフォルニアに住んでいるから彼らには、『凍った湖』っていう概念がわからなかったのでは……」。

とにかく、真冬のボストンで凍った湖に落ちたままでは、いかに、寒さに強いハスキー犬であっても凍死してしまいます。

レオ様は、仕方なくハスキー犬の救出のために、寒冷の湖に飛び込みました。

そして、どうにかこうにかして、やっとのことで犬を岸まで引き上げることに成功したのです。

これにて一件落着!

そう思ったそのときです。

それまでの一部始終を見ていた、もう1頭のハスキー犬がとんでもない行動に出たのです。

なんと。

自分から、湖にダイビングしてしまったのです。

どうも、湖で、ご主人様がもう1頭とバシャバシャやっている姿が、楽しく遊んでいるように見えたようで……。

「**今度は自分の番だワーン！**」

とばかりに、湖に飛び込んでしまったらしい。

それを見たレオ様、せっかく死ぬ思いで岸まで上がったのに、もう一度、湖に飛び込んで、こちらのハスキー犬も救出したのでした。

この武勇伝《ぶゆうでん》（なのか？）は、偶然、共演者が目撃して、映画完成後の記者会見で披露したことから報道されることに……。

ちなみにレオ様は、2019年の年末には、バカンス先のカリブ海で、友人たちとボートでクルージングをしているとき、近くを航海していたヨットから「酔った1人が海に落ちて行方不明になった」と助けを求められ、11時間も捜索して男性を発見し、人命を救ったことがあります。どうも、『タイタニック』のジャックのように、水に関するトラブルと縁が深いようです。

蛇足《だそく》ですが、シベリアンハスキーを飼っている知人にこの話をしてみたら、こんな感想が返ってきました。

「あ〜、ハスキー犬ってさ、結構、平気でそういうことをやっちゃうんだよね。多分、あとから飛び込んだ犬は、『面白そう！』て、ノリノリで飛び込んだと思うよ」

もし、それが本当なら、やんちゃだなぁ……ハスキー犬。

そして、優しいな……レオ様。

第25話

傘を盗まれないための5文字

雨の日。

コンビニなどへ行ったとき、入口に傘立てが置いてあることがあります。

スーパーなどなら、利用者の人数が多いので、傘立てではなく、細長いビニール袋が設置されていて、それに傘を入れて店内に持ち込めるようになっていますよね。

そういうところはいいんです。

でも、入口の傘立てに傘を差して、店内に入らなければならないお店の場合、「ここに傘を置いて入店したら、誰かに盗まれないだろうか？」って、心配になること、ありませんか？

盗まれないまでも、傘なんて、似たものが多いので、誰かが自分の傘と間違って持って帰ってしまう……ということもあるでしょう。

私は何回もあります。ですから、傘立ての一番角に差したり、わざと、傘立ての脇に傘を置いたりして、「間違い防止」になるようにすることもあります。

でも、そんなことをしても、相手が傘を盗むつもりだったら意味がありませんよね。

鍵なしの傘立ては、あくまでも、性善説《せいぜんせつ》に立った無防備なシステムなのです。

さて、ここでクイズです。

問題……傘立てから自分の傘を盗まれることに腹を立てたある人。盗まれなくするために、傘の柄《え》の部分に、あるメッセージを書いたガムテープを巻きつけました。それは、たった5文字のメッセージでしたが、それをつけて以来、傘が盗まれることはピタリとなくなったのです。さて、いったい、その5文字のメッセージとは、どんなものだったでしょう？

さあ、考えてみてください。

ヒントは、「それを見た相手に、『この傘の持ち主、ちょっとアブナイ』と思わせる5文字です。


いかがですか？

実はこれ、お笑いタレントの鳥居みゆきさんが、傘立てに置いた自分の傘の盗難防止のために実際にやっていることです。

このメッセージをつけてから、本当に傘が盗まれなくなったそうです。


さあ、そろそろ答えです。

鳥居みゆきさんが、傘立てに置いた自分の傘を盗まれなくするために、ガムテープで傘の柄につけた5文字のメッセージ。

それは……。


「**トルナ呪《のろ》ウ**」

怖！　たしかにこれは効果がありそうです。

「盗《と》るな呪う」より、カタカナ表記なのが、余計に「持ち主はアブナイ奴《やつ》だな」って思わせてくれます。いかに傘泥棒《どろぼう》でも、これはドン引きでしょう。

ヘタにそんな傘を盗んだら、本当に呪われはしないとしても、執念深く探して、自分が盗ったのをつきとめられそうではありませんか。

無防備な傘立てのお店を利用しなければならない方。何度も傘を盗まれて、頭にきている方。もし、やる度胸がありましたらお試しあれ。


まったくの余談ですが、この話を書いていたら、『チョコレート工場の秘密』で知られるイギリスの小説家、ロアルド・ダールの短編、『アンブレラ・マン』を思い出しました。

ネタバレにならないよう内容には触れませんので、興味を持った方は、ぜひ、ご一読ください。

第26話

人前でしゃべるときの強い味方

人前でスピーチをするのって、苦手な人にとっては、その日が近づいてくるだけで胸が苦しくなるくらいに心が重いものだと思います。

今でこそ、本の出し方に関するセミナーなどをやって、人前で話す機会が多くなった私ですが、昔は人前で話すのが大の苦手。ですからその気持ち、よくわかります。

友だちと普通に会話している分には、笑わせることが大好きなのに、多くの人の前だと、緊張しまくってしまう。順番に自己紹介をしなければならないときなど、自分の番がだんだん近づいてくるだけでドッキドキ。緊張して、頭の中が白くなり、用意していたことの半分も言えないということが何度もありました。

たぶん、**堅苦しい場面で、堅苦しいことをしゃべるのが苦手**だったのでしょう。

そんな私ですから、人前でのスピーチなんて、考えられないことでした。

人前でしゃべるのが少し楽しくなったきっかけは、学生時代からの友人同士の結婚式の披露宴でスピーチを依頼されたことです。気さくな仲間同士の結婚だったので、友人代表として、笑いを取りにいけるのが幸いしました。

堅苦しい話や自己紹介をするのは苦手でも、笑わせてもよいなら気がラクです。

思うに、人前でしゃべることが苦手な人も、最初に笑いを取ってしまえば、グンと気分がラクになるのではないでしょうか。

でも、どうやって笑いを取ればいいのか？　それが問題ですよね。

そんな、人前で笑いを取るときに強い味方になるノウハウについて、吉田照幸さんが、その著書の中で教えてくださっています。

吉田さんは、テレビディレクター、演出家、プロデューサー、脚本家など多くの顔を持ち、数々のコント番組を手がけ、ＮＨＫの朝ドラ『あまちゃん』や大河ドラマ『鎌倉殿の13人』の演出家としても知られる方。

その吉田さん曰く。

「スピーチで笑いを取りたければ、見たままを話す勇気を持つ！」

例えば、披露宴でスピーチに立ったとき。

司会の人のマイクが近いのが気になっていたら、開口一番、こう言ってみる。

「司会者さん、マイク、近いですね……」

新婦の父親がずっと怖い顔をしていたら、こう言ってみる。

「あの……、新婦のお父様が先ほどからずっと怖い顔をなさっていて、それが気になって僕は食事もノドを通らないんですけど、大丈夫でしょうか？」

つまり、「たぶん会場にいる全員が気になっているであろうこと」を、そのまま**言うだけ**。吉田さんによれば、「それだけで確実に笑いが起こる」そうです。

そして、そういうことを言えば、司会者の緊張が取れたり、新婦のお父さんが笑ってくれたりして、場も和《なご》やかになると……。

以前に、タモリさんが司会を務める番組に、笑福亭鶴瓶《しょうふくていつるべ》師匠がゲストに来たときのこと。大熱演でエピソードトークをする鶴瓶さんの顔をマジマジと見つめていたタモリさん、つぶやくようにぽつりと言いました。

「目、細いねぇ」

これで会場は大爆笑。鶴瓶さんも「人の話、聞けや！」と乗っかって爆笑を取っていました。

これも、見たままを、淡々とした口調で言っただけ。でも、その破壊力はすごい。

ギターの演奏とともに、「なんでだろ〜、なんでだろ〜」と歌い踊るネタで知られるお笑いコンビの「テツａｎｄトモ」は、企業でのイベントに呼ばれると、事前の聞き込みでネタを仕入れて、その会社の「あるある」をネタにするそうです。

「企業理念に、〇〇ってあるのなんでだろ〜」なんて、その会社の人が皆、思っていることをネタにして爆笑を取るので、必ず盛り上がるのだとか。

人前で話をする際に役立つこのテクニック、スピーチをしなくてはならなくなったときなどに、ぜひ、使ってみてください。

第27話

「知ったかぶり」は恥の元

あるアナウンサーの悲劇です。

そのアナウンサー、テレビ番組でフェルメール展のお知らせをする際、『真珠《しんじゅ》の首飾りの少女』という作品名を伝えました。

すると、視聴者から、バッシングメールが殺到したのです。

「フェルメールの代表作のタイトルは『耳飾りの少女』！　それを『首飾り』って……。アナウンサーのくせに教養がなさすぎ！」

たしかに、『耳飾りの少女』は誰でも一度は目にしたことがあるほど有名な絵画です。その「耳飾り」を「真珠の首飾り」とは、いかにも恥ずかしい間違い……と、一見、そう思えます。

でも……。

実は、そのアナウンサー、間違ってはいませんでした。

フェルメールには『真珠の首飾りの少女』という作品もあり、そのときのフェルメール展では、その作品が目玉だったのです。

つまり、アナウンサーはニュース原稿を正しく読んだだけ。

しかも、実はこのアナウンサー、「誤解を生むので原稿を変えたほうがよい」と進言までしていました。

しかし、「今回来日する作品の中では、この絵が一番有名なので……」と、関係者に押し切られてしまって、仕方なく原稿のまま読んだという経緯《けいい》まであったのだそうです。

それなのに、結果として、フェルメールに『真珠の首飾りの少女』という作品があることを知らない美術に詳しくない視聴者から、「おバカ扱い」をされてしまったという次第《しだい》。

この件について、アナウンサーの安住《あずみ》紳一郎さんは、次のように言っています。

「実は不可抗力《ふかこうりょく》で傷ついている放送人は少なくない」

「『言わされたコメントが間違っていた』『時間の都合《つごう》で言いたいことが言い切れなかった』など、放送人にも言い分がある」


こんな経験はありませんか？

相手が悪いと思って烈火《れっか》のごとく怒っていたら、実は自分が間違っていた。

例えば、待ち合わせ場所に相手がなかなか来なくて、携帯で「なに遅れてるんだよ、バカヤロー！」って怒鳴ったら、実は、自分が待ち合わせ場所を間違えていた……とか。

取引先から商品が納品されず、怒り狂ってクレームを入れたら、自分が納品日を間違って発注していた……とか。

相手が間違えている、相手が悪いと思っているので、思い切り文句を言ってしまう。そのあとで、実は自分のせいだったとわかると、もう、大恥もいいところ、「穴があったら入りたい」です。

さらに、相手が大人の対応で、「こちらも、ちゃんと確認しなくて申し訳ありませんでした」なんて言われた日には、自分の器の小ささが恥ずかしくて「穴を掘っても入りたい」という気分になってしまいます。

ご用心、ご用心。


このアナウンサーの例のように、**他人の間違いを指摘するのも注意ですよね。**

私も昔、テレビで「茶道」という漢字を「ちゃどう」と読んだ人がいて、「この人、『さどう』も読めないの?」って思ったことがあります。

でも、実際に茶道をやっている人に聞くと、「古くは『ちゃどう』、現在では『さどう』と読むのが一般的というだけで、茶道をやっている人は『ちゃどう』と読む人が多いかな」とのこと。

危ない、危ない。

知ったかぶりをしなくてよかった……。


とにもかくにも、**「こんなことも知らないの!」は恥の元。**

言わないほうが無難なようです。

第28話

ケンカの「落としどころ」

オーストリアの動物学者、コンラート・ローレンツによると、動物には「**戦いをやめる儀式がある**」のだそうです。

例えば犬。どんなに激しく嚙《か》み合いのケンカをしても、片方の犬が相手にお腹を向けると降参《こうさん》のポーズ。見せられた相手は、暗黙《あんもく》の了解で攻撃をやめるとのこと。ちゃんと、争いのやめ時というか、こうなったらおしまいという「落としどころ」を決めているんですね。

動物界のこの知恵、ぜひ、われわれも活《い》かしたいところです。

ラジオパーソナリティであり、タレントの伊集院光さん。

かつて、落語家だった頃、師匠の6代目三遊亭圓楽《さんゆうていえんらく》さんから、こんなことを言われたことがあるそうです。

「いいかい、落としどころのないケンカはやるんじゃないよ」

つまり、ケンカは「落としどころ」を決めておけと。

そうでないとズルズル続いてしまうし、遺恨《いこん》になることだってある。

その師匠の教えを守り続けている伊集院さん。

夫婦ゲンカをしたときの落としどころを決めているそうです。

その落としどころとは……。

「どんなにケンカしても、その日の夜の12時になったら、自分のほうから奥さんに謝って終わりにする」

どっちが悪いかはいっさい関係なし。

夜の12時になったら、伊集院さんが「さっきはすまなかった。ごめん」と謝って、ケンカはいっさい翌日に持ち越さない。

それを伊集院家のルールにしているのだそうです。

この「ケンカの落としどころ」、という発想。

不快な思いを引きずらないで済むし、おかしな「しこり」も残らず、とてもいい考え方ですね。


NHK大河ドラマ『鎌倉殿の13人』でもチラリと描かれましたが、かつての日本には、「後妻《うわなり》打ち」という風習がありました。

『鎌倉殿の13人』では、源頼朝の愛人の住まいを、正妻である北条政子が、人を使って衝撃するという内容でしたが、本来は、旦那《だんな》の心変わりによって離縁されてしまった先妻が、その再婚相手を襲撃するというものです。

襲撃といっても、奇襲ではありません。

ちゃんと襲う日を先方に予告し、当日は仲間とともに竹刀《しない》を持って再婚相手の家に乗り込む。予告されていた後妻側も、ちゃんと仲間とともにそれを迎え撃つ準備をしていて、堂々と一戦交えるというのが、正式な流れでした。

お互いにやり合っていると、頃合《ころあ》いをみて、仲裁役《ちゅうさいやく》が止めに入っておしまい。あとは「もう、お互いに気が済んだでしょ」と、恨《うら》みっこなしで遺恨はいっさいなし……という儀式的なものだったそうです。

いやはや、現代なら離婚調停とか、慰謝料《いしゃりょう》はどうのとか、そういう話になるところを、1回の襲撃で、強引に丸くおさめてしまうとは……。

まさに、とてもよくできた、争いの「落としどころ」だったと言えるのではないでしょうか。

「ケンカの落としどころ」という考え方は、古くから、「心静かに過ごすための知恵」だったのですね。

第29話

史上最高の謝罪会見

世に「謝罪会見」ほど難しいものはないでしょう。

頭を下げたときの時間や角度、表情までとやかく言われる。笑顔を見せようものなら、「反省していない」と責められ、冗談を言うと「ふざけているのか」と叩かれる。それでいて、お笑いタレントなどは、真面目《まじめ》すぎると、「面白くない」と言われてしまう。

しかし、逆に言うと、その人の人間性や技量、器の大きさなどが出るため、やり方によっては、好感度がアップする場でもあります。

「印象」に関するプロフェッショナルによると、数々の有名人たちの謝罪会見の中でも、史上最高の謝罪会見の1つは、前の項でも登場した6代目三遊亭圓楽さんがかつて行なった、不倫報道に対する謝罪会見なのだとか。

それは、2016年6月のこと。写真週刊誌に、一般女性との不倫写真が報じられたのを受け、雑誌の発売当日の午後に、圓楽さんが行なった記者会見です。

まず、事務所スタッフが、「本人の意向として、『ドロドロと重い感じにはしたくない、楽しい会見にしたい』とのことですので、どうぞよろしくお願いいたします」と前説《まえせつ》し、場の空気を柔らかくします。

続いて登場した圓楽さん、出だしはまず、懇切丁寧《こんせつていねい》なお詫《わ》びでした。

「どうも、おさわがせして申し訳ありません。今、初高座《はつこうざ》のような気持ちで非常に緊張いたしております。ですから、言葉違い、また、言い間違い等々、あると思いますけれど、ご勘弁願いたいと思います。

まずは、お仕事とは言え、私の軽率な行動のためにマスコミの皆様にお集りいただきまして、まことに申し訳ありません。本日の報道によりまして、このような会見を開くことになりました。その結果、長年、私を支えてくれているファンの皆様、そして落語会に来てくださる皆様、ファンレターをいただいている皆様、あるいはいろんな番組でもって、『ファンですよ』と言ってくださる皆様、さらに町を歩いていて、『見てますよ』と声をかけてくだる皆様、この行動で不快な念をいだかれたとしたなら、深くお詫び申し上げます。さらに、ウチのスタッフも含め、関係各位、局の皆様、スポンサーの皆様に深くこの場でお詫び申し上げます」

そして、反省の言葉。

「46年前の初高座の頃は、『芸人は女性にモテるくらいでないと』とよく言われたものですが、時代錯誤《さくご》だったと痛感しております。皆様に不快な思いをさせたならば、高座でお返ししたい」

さらに、会見を開くにあたり、夫人からスーツを用意してもらったこと、そして、「心配しなくていいから頑張って」とエールを送られたことを明かし、「（妻は）泳がしていてくれる人だから甘えていた部分もあった」と。一番文句を言ってよい立場の夫人から許してもらっていると言われては、記者たちも責める言葉を失います。

後半は、写真雑誌の「老《お》いらくのラブホ不倫」という見出しをもじって、『老いらく』じゃなくて、圓楽だっていうの」と落語家らしいダジャレも。

極めつきは、レポーターから求められての「謎《なぞ》かけ」です。

「今回の騒動とかけまして、東京湾を出ていった船と解きます。（その心は）コウカイの真っ最中です」。さらに続けて、「天保銭《てんぽうせん》（江戸時代の通貨）と解く。（その心は）

今は通用しません」と即興《そっきょう》で笑いを取って、会見は和やかムードで終わったのです。結局、この会見は世間からも絶賛。仕事への影響もなく、事が済んだのでした。

こんな謝罪会見は、圓楽さんクラスの「話芸のプロ」なればこそでしょう。

印象のプロフェッショナルによれば、一般人が参考にできる謝罪会見は、小室哲哉さんの不倫疑惑報道に対する謝罪会見なのだそうです。

スーツ姿で登場した小室さん、詰めかけた大勢の報道陣を前にこう言ったのです。

「今回の報道で妻のKEIKO、家族、ファンの皆様、スタッフの皆様、いろいろな方にご心配、お相手の方にもご迷惑おかけしたこと、お詫びいたします。僕なりのけじめとして引退を決意しました」

えっ？　ウソ！　何もそこまで！　記者たちはもう、不倫報道の追及なんてどうでもよくなってしまいました。

印象のプロフェッショナル曰く。この**「相手の想像をはるかに超える謝罪」**が、**一気に問題を解決させる高等テクニック**なのだとのこと。なるほど、「いざというとき」には、参考にさせていただきます。「そのとき」は来てほしくないけれど……。

第30話

明るいところに花は咲く

前の項に登場した三遊亭圓楽さんと言えば、長年、テレビ番組『笑点』に出演されています。

この長寿人気番組、『笑点』の代名詞である大喜利のコーナーに、2022年1月からレギュラー入りしたのが桂宮治《かつらみやじ》さんです。

この宮治さん。その経歴が実に面白い。

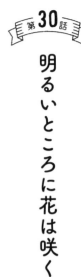

若い頃は役者を目指していたこともありましたが、なかなか芽が出ず、先輩役者の紹介で化粧品セールスのアルバイトをはじめます。するとこれが性《しょう》に合い、あっという間に売上ダントツのナンバー1営業マンに！

セールスマン人生は順風満帆《まんぱん》でしたが、30歳の手前になり、ふと、「化粧品を売り続ける人生」に疑問を持った宮治さん、婚約者にその気持ちを伝えたところ、「お金はなんとかするから、やりたいことをやれば」と背中を押してくれるではありませんか。

そんなときに、たまたま見た桂枝雀《しじやく》さんの落語の映像に大笑い。

「落語なら好きになれるかも」

それまで、なんの経験もなく、縁もなかったにもかかわらず、運命的なものを感じて、落語家になる決心をします。

その直後に行なわれた、結婚式。

そこでの「新郎からの挨拶」で、いきなり、「**会社を辞めて、落語家になります**」と宣言をしたのです。

宮治さんによれば、「社長はイスから転げ落ちるほど驚いていた」とか。

まあ、それはそうでしょう。身を固めて、これからもナンバー1営業マンとして頑張ってくれると思っていた社員から、いきなりの退職宣言ですから。しかも、落語家になるって……。

とんでもなく大胆な行動ですが、宮治さんなりの考えがありました。

曰く。

「結婚式のような大舞台で宣言しないと、気の弱い私では踏ん切りがつかない。自分から逃げ道を絶《た》ったんです」

その後、寄席《よせ》通いをはじめた宮治さんは、31歳のときに、高座を見て「一目ぼれ」した桂伸治師匠に弟子入り。

その話芸は早くから高く評価され、NHK新人演芸大賞の落語部門で大賞を受賞。44歳のときには、現在の落語芸術協会会長の春風亭昇太師匠以来29年ぶりとなる、先輩5人抜きでの真打ち昇進《しんうち》を果たしたのでした。

宮治さんの最大の武器は、その明るさです。

高座でも、お客さんを大笑いさせて、幸せな気持ちにさせてくれます。

そんな宮治さんが、色紙によく書くのが次の言葉です。

「明るいところに　花は咲く」

「今の僕は、運と人との出会いだけで来ているんで……」と、謙虚な宮治さん。この言葉はまさに、「人を楽しくさせる明るさ」が売りの宮治さん自身を象徴するような言葉という気がします。

『笑点』に初登場したときも、その明るいキャラクターで、あっという間に、番組に馴染んでしまった宮治さん。

初回の収録について、自己採点は40点。しかし、司会の昇太師匠からは、200万点という高得点をいただいたのでした。

笑顔と明るさは、いつの世も、世間を渡るうえで、最強の武器になります。

「微笑《ほほえ》めば、友だちができる。しかめっ面をすれば、シワができる」（ジョージ・エリオット　イギリスの作家）

4

「これから」を変えるには

――「へぇ～」となる10の話

第31話

渡された茶封筒

これは、ある「器の大きい人」の話。

かつて、ホテル、ザ・リッツ・カールトン・サンフランシスコの開業、帰国後は、同ホテルの日本支社の立ち上げ（のちに支社長に就任）などに携《たずさ》わり、リッツ・カールトン退職後は、起業されて「人とホスピタリティ研究所」を設立。数多くのビジネス書の著書もある高野登さんの体験談です。

高野さんが、その「器の大きい方」と出会ったのは、20年間のアメリカでの生活を終え、リッツ・カールトン日本支社の立ち上げと、大阪のリッツ・カールトン開業のサポートのために帰国した、1994年のことでした。

帰国の直前、高野さんは、尊敬するメンターから、こう言われます。

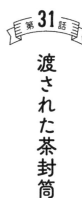

「日本に来たら、ホテルオークラの橋本保雄《やすお》さんには、早めに挨拶にいくように」

その言葉に従い、高野さんは、帰国するとすぐに橋本氏へのアポを取りました。その当時の橋本氏は、ホテルオークラの専務取締役。翌年の95年には副社長に就任が決まっていたという、日本のホテル界のリーダー的な存在でした。

さて、当日。

「おう、あんたがリッツを開けにきた男か。日本は何年ぶりかね？」

「20年ぶりです」

「業界地図も顧客も随分《ずいぶん》と変わっているぞ。たいへんだな」

そんな会話をして、ニンマリされる橋本氏。

帰り際には、「来週、もう1度来なさい」と言ってくださいました。

1週間後、高野さんが再訪すると、軽い雑談のあと、おもむろに茶封筒を取り出した橋本氏。「これを持っていけ」と、それを高野さんに手渡したのです。

なんだろうと思いつつ、事務所に戻った高野さんが、茶封筒を開けてみると……。

なんと、中身は、ホテルオークラの常連客たちの名刺のコピー！

はっきり言って錚々《そうそう》たる方たちばかり。

そして、同封されていたメモには、橋本氏からのこんなメッセージが。

「橋本の紹介と言えばわかるようにしてあるから」

ホテルにとって、お得意様である常連客の名刺は宝そのもの。

驚いた高野さんが、慌《あわ》ててお礼の電話を入れると、橋本氏は笑いながらこうおっしゃったそうです。

「業界全体のためだ。みんなのレベルがあがればそれでいい。しかし、このことは誰にも言うな。リッツのトップが橋本の世話になったなんて、シャレにならんだろう。じゃあ！」

なんという器の大きさでしょうか！

高野さんの言葉です。

「『名刺は飯のたね』が橋本さんの口ぐせだった。その大事な名刺をライバルホテルのトップに、いとも簡単に渡せるものだろうか？」

おっしゃる通り、自分のホテルの繁栄だけを考えていたら、とてもできることではありません。人間的な度量の大きさ、そして、業界全体を見る視野の広さが根本的に違う。

到底、及びませんが、この橋本氏のように、**「惜《お》しげもなく、与えることができる人」**になりたいものです。

日本のホテル業界全体について考えておられた橋本氏は、のちにホテルオークラ顧問、日本ホスピタリティ推進協会理事長、日本ホテル経営学会代表幹事などを歴任され、2006年に逝去《せいきょ》されています。

高野さんは、葬儀の際、長野から駆けつけられたそうです。

第32話 無理な依頼を「断らずに断る」方法

会社で働いていると、時に理不尽な目にあうことがあります。

例えば、やらなければならない仕事を抱えているのに、上司からとんでもない量の仕事を依頼されてしまう。そうなると、実質問題として、今、抱えている仕事が納期に間に合わないという事態になってしまいます。

そういう無理を言ってくる上司に限って、仕事が間に合わなければ、「おまえ、仕事をなんだと思ってるんだ」なんてことを言ってくる。「いやいや、あなたが別の仕事を振ってきたからでしょうが！」と言えないのがツライところ。

ここはもう、「そんな状態のときに仕事を受けたら負け」ってことですね。

しかし、相手は上司です。しかも、「部下が、上司からの仕事を断るなんて百万年早い」と信じているというとてもやっかいな輩《やから》。スッパリと断りたいけれど、そんな勇気はない……。そんなとき、いったいどうすればよいのでしょう？

元日本ＩＢＭ社に勤務、現在は起業され、ドルフィア株式会社の代表取締役。そして、『コンペ３００戦無敗のトップエンジニアが教える 理系の仕事術』（かんき出版）という本の著者でもある井下田《いげた》久幸さんが明確な対処法を教えてくださっています。

この井下田さん、在職中から経営者向けのセミナーに登壇され、その回数はなんと２０００回超えというツワモノ。そんな、「仕事の達人」による、「上司から、とても受けきれないような仕事の依頼があったとき」の断り術。それは……。


「断らずに断る」！


どういうことかというと。**受ける形を取りつつ、条件などをつけて暗に主要な部分を断る**のだとか。

具体的には即答を避け、予定を確認するフリをしてからこんなふうに言うのです。

「**では、今週は手一杯なので、来週なら着手できます！**」

「では、この日とこの日なら、私がやります！」

「では、私はここまでやります！」

「では、こちらのお客様は私も懇意にしている担当者がいるので、私がやります！」

いかがですか。

こんなふうに、やるための条件を提示したり、自分が引き受けられる部分を先に前向きに引き受けてしまったりする。そうすることで、「今は無理です」「全部は無理です」ということを遠回し（でもありませんが）に伝えるというわけです。

それでも上司が「いや、今から全部やってほしい」と言ってくるようであれば、今度は次の手を発動します。

「今、この仕事とこの仕事を抱えています。どれを後回しにしましょうか？」

「今、この仕事を進めていますが、ご依頼の仕事を優先して、後回しでもいいですか？」

こんなふうに言って、自分が今、抱えている大事な仕事と比較させるのです。

そう言われたら、今回の依頼がよほど重要なものでない限り、「だったら、今回は、〇〇君に頼むか」って、ほこ先が変わるかもしれません。

あるいは、「今やっている仕事は後回しでいいからこっちを先にやってくれ！」という言質《げんち》が取れれば、堂々と今やっている仕事を後回しにできます。

あとは、どうしても自分が無理なら、「○○さんなら私より早くできると思います」と、別の人を紹介する手もあります（もちろん、○○さんには事前承認が必要）。

こういうテクニックを知っているのと、知らないのとでは、大違い。

知らないのは、アイテムなしでRPGのラスボスと戦うようなものです。

おまけでもう1つ。理屈も心も通じない、病的なモラハラ上司や先輩から標的にされてしまったときはどうするか？

井下田さん曰く。

「極論は会社を辞めるなりして離れるのが一番。でも、会社を辞めるほどでもないときは、心の中で、その相手を〝無生物化〟してしまうという手があります」

相手が人間だと思うから、腹も立つし、心も痛む。

相手のことを、「悪質なプログラムが組まれた訓練用のロボット」だと思うと、急に無機質に感じられて、淡々と接することができるようになるとのことです。

第33話

ごく普通の小さな街が、「美食の街」になれた理由

スペインの北東部にサン・セバスチャンという街があります。

この街、面積は約60平方キロメートルといいますから、青森県と秋田県にまたがる十和田湖を少し小さくしたくらい。

景色は美しいのですが、これといった名産品や観光地があるわけではなく、かつては、人口約18万人のただの小さな街でしかありませんでした。

ところが。

現在のサン・セバスチャンは、知る人ぞ知る「美食の街」。

ミシュランの星を獲得した店や「世界のベストレストラン50」に名を連ねる名店が数多く存在し、わざわざ、美食を求めて海外からの観光客が足を運ぶ街へと変貌《へんぼう》したのです。

サン・セバスチャンのレストランが出す料理の特長は、従来の食の常識にとらわれない「ヌエバ・コッシーナ（新しい食）」を積極的に追求していること。

この「ヌエバ・コッシーナ」は、かつて、世界一予約が取れないと言われたスペインの名店、「エル・ブリ」のシェフであったフェラン・アドリア氏の言葉、「イワシとホワイトチョコレートを混ぜちゃいけないなんて、誰が言った？」という言葉に象徴される、実験的な料理です。

もともと海の幸、山の幸に恵まれたこの街のシェフたちは、「料理を実験」ととらえて、先進的なレシピを次々と生み出しているのです。

しかし、この街が、世界に冠たる美食の街になることができたのには、もっと大きな理由がありました。

それは、**この街にあるレストランが、世界中のレストランにおいて、ずっと当然のこととして続けられている「ある常識」を撤廃《てっぱい》したこと。**

それなくして、この街の変貌はあり得ませんでした。

サン・セバスチャンにあるレストランが、撤廃したこと。それは……。

「お店の料理のレシピを隠すこと」

なんと、**サン・セバスチャンでは、各店舗の料理のレシピを惜しげもなく町中の店舗で共有できるようにしているのです！**

老舗と呼ばれる名店が、看板料理や秘伝のソースの作り方を秘密にするというのは、よくある話。というより、それがこれまでの常識でした。

ところが、この街のレストランは、言わば、美味しい料理の作り方を「教えっこ」している。この仕組みは、「**オープンソース化**」と呼ばれ、世界からも注目を集めているそうです。

もともと、この仕組みを提唱したのは、ルイス・イリサールという1人のシェフでした。

彼は、一流ホテルのチーフ兼教育係をしていたとき、シェフを育てることの大切さに目覚め、1992年、サン・セバスチャンに「ルイス・イリサール料理学校」を開校しました。この料理学校が、同地に「レシピの共有」という革命をもたらす礎《いしずえ》になったのです。

「名店の味を覚えるためには、その店で何年も修業し、先輩の仕事を盗んで学ぶ」という、いわゆる弟子制度を廃止することで、一流店のレシピを簡単に学ぶことができるこの街には、必然、若く優秀な料理人たちが集まることになりました。
そして、店舗間でのシェフの移動も盛んになり、各レストランのレベルは、軒並《のきな》み飛躍的に向上。2011年には4年制の料理専門大学「バスク・クリナリー・センター（BCC）」も開校し、名実ともに「美食の街」に生まれ変わったというわけです。

アフリカには、こんなことわざがあります。

「早く行きたければ1人で進め。遠くまで行きたければ、みんなで進め」

自分1人の力には限界があります。しかし、知恵を出し合って共有すれば、とんでもないところまで飛躍できる。
覚えておきたい言葉です。

第34話

「ヒントを探している目」にしか見えないこと

バイクに乗った若者たちが暴走し、信号機に石を投げている。

そんな映像をニュース番組で見たとしたら、どう思いますか？

普通なら、「けしからん」とか思うだけですよね。

でも、そんな映像をニュースで見て、画期的な商品の開発に結びつけた人がいます。

それは、サンスター文具株式会社で商品企画の仕事をしていた伊藤幸信さん（のちに社長）という方。

まだ、子どもたちが使う筆入れの素材の主流が、熱に弱いセルロイドや簡単に壊れてしまうプラスチックだった60年代。

伊藤さんは、若者たちが投げた石が命中しているにもかかわらず、ビクともしない信号機を見て、こう考えました。

「石をぶつけられても割れないなんて、信号機ってそんなに丈夫なのか。これは、もしかしたら筆入れの素材に使えるのでは……」

実は、伊藤さん、丈夫な筆入れを開発しようと悩んでいた最中だったのです。

さっそく地元の警察に、信号機のランプの部分が何でできているかを問い合わせ、「ポリカーボネイト」であると知ります。この素材、のちにＣＤやＤＶＤに使用されるようになりますが、この当時はまだ、メーカー間でもマニアックな素材でした。

こうして誕生したのが、かつて、子どもたちの間に大旋風《だいせんぷう》を巻き起こした「アーム筆入れ」（１９６５年発売）だったのです。

大ブレイクのきっかけは、発売の２年後に放送されたテレビＣＭ。

そうです、ある世代以上の方なら知らない人はいない、**「ゾウが踏んでも壊れない」という、インパクト最大級のＣＭ**です。

何しろ、ＣＭの中で、本物のゾウが筆入れを踏んでいるのですから説得力が違う。

ちなみにこのＣＭ、撮影のとき、ゾウがなかなか筆入れを踏んでくれず、最後は、ゾウが足を上げたのを見計《みはか》らって、足の下に筆入れを置いて、やっとのことで踏ませることに成功したのだとか。

そんな苦労をして作ったこのＣＭは、当時の子どもたち……というか男の子たちのハートをぶち抜きました。こぞってアーム筆入れを買ってもらい、踏んだり、上に乗ったり……。中には床に叩きつけたり、壁に投げつけたりする子もいたのですから、いつの世も男の子っておバカです（まあ、私も上に乗りましたけど……）。

余談ですが、あまりにもブームになると、世の中、必ず文句をつけてくる人がいるもので、なんと、ある国会議員が「誇大《こだい》広告ではないのか？」とイチャモンをつけてきたそうです。

そのときは、伊藤さんが自ら、その議員のところへアーム筆入れ１００個と金づちを持参して訪問。議員に実際に金づちで筆入れを叩いてもらって、その丈夫さを納得してもらったそうです。その丈夫さを確認した、その議員は、反省したのか、アーム筆入れを大量購入してくれたのだとか。

それにしても、信号機への投石というニュース映像を見て、丈夫な筆入れの開発に結びつけるとは……。

人間、**四六時中、「何かヒントはないか？」という目で周りを見ていると、同じ映像がまったく違って見えるもの**なのですね。

ちなみに、このアーム筆入れ。「NEWアーム筆入」という商品名で今も販売されています。そしてそのパッケージには、現在でも、ゾウが筆入れを踏んでいるイラストとともに「象がふんでもこわれない!!」というコピーが使われています。

第35話

ゴミ箱の中にあった逆転のきっかけ

赤字から黒字への大逆転のきっかけは、ゴミ箱の中にあった！　という話です。

埼玉県桶川市《おけがわし》で、創業130年を超える老舗の和菓子屋さん「五穀祭菓《ごこくさいか》をかの」。

若者の和菓子離れなどから毎年のように大赤字が続き、存続の危機にありました。

ただでさえ苦しいのに、ご主人とともにお店を支えていた奥さんが入院。

いよいよ大ピンチになったそのときでした。それまで家業に興味を示さなかった、娘の萌美さんが、突然、「お店を継ぎたい」と宣言したのです。

学生時代、いわゆるギャルだった萌美さんは、ずっと、「やりたいこと」が見つからず、悶々《もんもん》とした日々を送っていました。

母の入院でお店の危機を知っても、「自分に経営は無理」と考えていたのです。

しかし、ある日のこと、久しぶりに会った同級生の母親から、「お店、継いだの？」と声をかけられたことが転機になりました。

萌美さんがその母親に、どうしてそんなことを聞くのかと訊《たず》ねると、「だって、小学校の卒業式のときに、言っていたじゃない」と。

驚いて、小学校の卒業式のビデオを見てみると、そこには、小学6年生の自分がこう言っている姿が映っていたのです。

「**お父さんとお母さんがやっている仕事を私もやりたい！　みんなのためにおいしいお菓子を作るんだ**」

そうか、私はお店を継ぎたかったんだ！

小学生時代の自分に背中を押された萌美さんは、窮地《きゅうち》にあるお店を継ぐことを決心したのです。

しかし、なんの経験もない自分です。

今のままでは経営なんてとても無理と判断し、アパレル業界に就職。家計を助けながら、接客や経営を学びました。

修業を終えた萌美さんが、従業員として「をかの」に入社したのは3年後のことでした。

さて、入社後。マーケティングや商品開発を担当していた萌美さん。ある日のこと、ふと見たゴミ箱の中に「黒字への逆転のきっかけ」を見つけます。

それは……。

お店で売っていた「葛《くず》ゼリー」。

葛ゼリーは、文字通り、葛を使って固めたゼリー。これがまったく売れていませんでした。しかも、賞味期限は数日で、売れ残りは捨てるしかなかったのです。

ゴミ箱に捨てられていた大量の葛ゼリーを見た萌美さん。

それは、やりたいことが見つからずにくすぶっていた頃の自分の姿のように思えたといいます。

「これを利用できないかしら？」

そう考えた萌美さん。いっそ、自分が大好きなアイスクリームのように凍らせたらどうだろうと思いつきます。

ダメ元で、葛屋さんに「これを凍らせたらどうなりますか?」と聞いてみると、「アイスになりますよ」との回答が!

さっそく、菓子職人の父親に提案し、**「1週間後のお祭りの日までに商品として完成させて、試しに売ってみよう」**ということになります。

こうして試行錯誤の末、猛スピードで完成させた、溶けないアイス「葛きゃんでぃ」をお祭りの日に売ってみると……。これが、飛ぶように売れる大ヒットに。

なんと、**1日で1万本を売り上げたのです!**

正式に商品化された「葛きゃんでぃ」は、たちまち人気商品になりました。

テレビに取り上げられたことでさらに売れ、それまで10年連続で大赤字だった「をかの」は黒字に転換、大逆転を果たしたのでした。

現在、6代目女将《おかみ》となった萌美さんは、菓子職人の父親とのタッグで、次々とヒット商品を開発し、店舗を支えています。

第36話

見上げたらそこにあった逆転のきっかけ

ゴミ箱の中に逆転のきっかけがあったという話の次は、「見上げてみたら、そこに逆転のきっかけがあった」という話。

阿智村《あち》は長野県の南部にある村です。

この村には1973年に湧出《ゆうしゅつ》した「昼神温泉《ひるがみ》」という温泉があり、名古屋から高速バスで2時間足らずの立地のよさから、中京圏の製造業を中心に90年代にはそれなりに団体観光客が集まっていました。

しかし、2005年の愛知万博が終わった頃から客数が減り続け、値引き競争に走ってしまった結果、旅館も経営が行き詰まりはじめてしまったのです。

そんな状況を打破しようと立ち上がったのが旅館「恵山《けいざん》」で企画課長を務めてい

た松下仁さんです。松下さんは、旅行会社のJTB中部で、地域と一緒に魅力ある観光資源を開発する仕事をしていた武田道仁さんと組んで、「阿智村復興プロジェクト」をスタートさせます。

最初に2人が懸命に考えたのは、**「阿智村の強みは何か?」**でした。

昼神温泉は美肌の湯としていい温泉なのですが、ほかにも「美肌の湯」を売りにする温泉地があるので、これだけでは「強み」になりません。

村には観光スポットとして、日本一の「花桃《はなもも》の里」がありましたが、花が咲くのは年にわずか2週間。この期間は花桃目当てのお客様で満員になるものの、1年間を通しての売りにはなりませんので、これも「強み」としては今ひとつ。

悩んでいた2人は、ある日、こんな話を知ります。

「村にあるスキー場では、オフシーズンに、若い男性スタッフが彼女とゴンドラで山に登り、星空を楽しんでいるらしい」

実は阿智村。かつて、環境省から**「星がもっとも輝いて見える場所」**と認定されたことがありました。普段、温泉街の中にいると星空の美しさはわかりません。

しかし、晴れた日の夜にゴンドラで山の上へ行って空を見上げると、周りの光が遮断《しゃだん》されて「この世のものとは思えないほどの星空」が広がっていたのです。

「この星空を売り物にしよう！」

そう考えて開始された「スタービレッジ阿智」の取り組み。

２０１２年８月の第１回「天空の楽園ナイトツアー」の参加者はわずか３人でした。しかし、参加者の「すごい！　感動した！」の声は次第にネットで拡散。

参加者は、１年目が約６０００人。

２年目約２万２０００人。

３年目約３万３０００人と増え続け、２０１５年には６万人を数えるまでになっていったのです。

この「星空」を使った逆転劇は、マーケティング戦略コンサルタントの永井孝尚《たかひさ》氏の著書『そうだ、星を売ろう』（ＫＡＤＯＫＡＷＡ）でも取り上げられ、さらに人気に拍車《はくしゃ》がかかりました。

現在ではさらに、昼間の「雲海《うんかい》」を売り物にしたツアーも実施されています。

もう1つ。「すでにあるもの」を利用して、集客に成功した話。

それは2020年9月19日から22日の4連休のこと。

東京都大田区の「はとバス」駐車場に、あるものが登場し、話題になりました。

それは、新型コロナの影響で稼働《かどう》が少なくなってしまった大型バスを60台使ってつくられた巨大迷路！

これはバス会社が企画したイベントの目玉として、10人の運転手が7時間かけてつくったもの。来場者に好評で、期間中に344人の参加があったとか。そして、そのユニークな発想は数々のニュースで取り上げられ話題にもなりました。


今まで捨てていたもの。気がついていなかった強み。そして、すでにあるものなど、逆転のきっかけは、意外と身近にあるものです。


自分には、強みも武器も何もないと思っている方。

もう一度、視点を変えてみると、意外な逆転のきっかけが見つかるかもしれません。

第37話

「相手の顔を立てる」というワザ

レストランでワインを選んだとき、ソムリエがグラスに少し注いだワインをホスト役がテイスティングすることがあります。

ホスト役の人は、グラスをクルクル回して香りを嗅いだりなんかして、ひと口飲み、ニヤリと微笑んで黙って頷《うなず》くとか、そんな感じ。

あれ、ワインテイスティングのテストをされているわけではないので「色はガーネット色で、香りは濡れた犬がお座りしてお手を……」とか言う必要はありません。

味見ではなく、ソムリエが持ってきたワインが注文したものかどうか、ラベルで銘柄や年代を確認したり、コルクの劣化《れっか》による、おかしな匂いがしないかなどを確認したりすればいいだけのこと。それさえ、クリアできていれば、「もう少し渋味の濃いものに変えてください」なんて言うのはマナー違反なのです。

ソムリエ世界一になったこともある一流ソムリエで、日本ソムリエ協会会長の田崎真也さんによれば、ワインに詳しくないお客様ほど、このホストテイスティングのとき、ワイン通《つう》を気取って、お出ししたワインにイチャモンをつけて（田崎さんはこんな表現はしていませんよ、念のため）くるそうです。

さて、ここで接客クイズ。

その日の料理に合わせて、事前に聞いている予算内で最高のワインを選んでいるのに、カッコつけの似非《えせ》ワイン通から「このワインの香り、今イチ」などと言われたとき、田崎さんは、なんと返事をし、どんな対応をとっていたでしょう？

✦ヒント1　そのホスト役に恥をかかせないのが鉄則です。
✦ヒント2　もちろん、別のワインに替えたりはしません。

さあ、一流ソムリエになったつもりで考えてみてください。
シンキングタイムです。

では、そろそろ答えです。

ホストテイスティングで、「このワインの香り、今イチ」と言われたとき、田崎さんはどんな対応をしていたかの答え。


「おっしゃる通りです」と答えて、「では、1度デキャンタに移しましょうか。もっと香りが開くと思います」と提案する。


そもそも、そのお客は、「ホストテイスティングの本来の目的を知らない」という時点で、ワインに詳しくないと思って間違いありません。

「香りが今イチ」なんて、おそらく同伴の女性の前で「わたくし、ワイン通なんざんす」って、気取っているだけのこと（田崎さんはこんな言い方はしていませんよ、念のため）。

だったら、「おっしゃる通りです」と言って、そのお客の顔を立てて、そのうえで、デキャンタ（ワインを別の容器に移して香りを立たせること）を提案すれば、「うん、そうしてもらえるざんすか」って、丸くおさまるというわけです。

この**「相手の顔を立てる」というワザ。自分の提案や企画を通したいときなどにも使えます。**

もちろん、自分の提案が本当につたないもので、相手が指摘した意見が的《まと》を射《い》ているのであれば、それは、有り難いアドバイスです。でも、そうではなくて、相手が明らかにイチャモンをつけたくてイチャモンをつけてきたときは、まず、**「さすがです！　そこは気がつきませんでした」**とか言って、相手をいい気分にさせるのが得策です。

なんなら、**「よりよくするためのアドバイスをいただけませんか？」**なんて、味方に引きずり込むと、味方になってくれることもあります。

第38話

思い切って手放してみる

長崎県佐世保市にあるテーマパーク、「ハウステンボス」が開園したのは、1992年3月のことですから、2022年で開園30周年となります。

オランダ語で「森の家」という意味を持つ名前の通り、テーマは「中世のオランダ」。最大の特徴は、テーマパークでありながら、「1つの街をつくる」というコンセプトから、いわゆる舞台裏がないこと。壁で囲まれた場所や地下に広大なバックステージが存在するテーマパークとは、根本的に違った運営をしているのです。

東京ドーム33個分というテーマパークとして日本一の敷地面積を持つ園内は、さながらヨーロッパの都市そのもの。歩いていると、一瞬、外国を旅しているような錯覚《さっかく》に陥《おちい》ります。

しかし、その道のりは平たんなものではありませんでした。

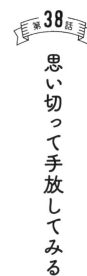

2003年に、2000億円以上の負債を抱えて経営破綻してしまったのです。その再生を請《う》け負《お》ったのが、エイチ・アイ・エスの澤田秀雄会長でした。

さて、1つ前の項に続いて、ここでもクイズです。

赤字に瀕《ひん》したハウステンボスの再生に取り組むことになった澤田会長は、ある改革を行なうことで、わずか半年で黒字に戻すことに成功しました。さて、澤田会長が最初に行なったのは、どんな改革だったでしょう？

ヒント1　単純な人員カットや経費削減ではありません。

ヒント2　集客数に対し、ハウステンボスの敷地が広すぎることに注目しました。

さあ、今度はテーマパークの社長になったつもりで考えてみてください。

いかがですか？

シンキングタイムです。

では、そろそろ答えです。
ハウステンボスの再生に取り組み、半年で赤字を解消した澤田会長が最初に行なった改革。それは……。

ハウステンボスの敷地の約3分の1を「フリーゾーン」として、お客様に無料で開放した。

澤田会長は考えました。「東京ディズニーランドには、首都圏だけで3000万人以上の人口がいるのに対して、ハウステンボスは、地元の佐世保市と長崎市を足しても100万人に満たない。市場に対して、規模が大きすぎる！」

そこで、「広すぎるなら、狭くすればいい」とばかりに、パークの約3分の1を「フリーゾーン」にする決断をしたのです。

何しろ無料ですから、店舗が開いていなくても、なんのイベントもやっていなくても文句を言うお客様はいません。結果、その部分に投入していた、「ヒト」も「カネ」も、残りの3分の2に集中することができるようになり、この改革だけで、経費を2割以上も削減できたのです。

その後は、いくつかの失敗イベントを経て、2011年に、人気漫画の『ONE PIECE』に登場する船、「サウザンド・サニー号」を再現した「サニー号クルーズ」というアトラクションがヒット。約4年間で120万人以上の集客に成功します（その後2019年に復活し、2022年に終了）。

「光の王国」というイルミネーションのイベントもヒットしました。広大な敷地ゆえ、かつては、夜になると「寂《さび》しいエリア」が多かったのですが、この「夜のイベント」のおかげで、ハウステンボスの夜が様変わりしたのです。

これらの成功のもとになったのが、広すぎる敷地をフリースペース化することを決めた、最初の決断だったというわけです。

課題や問題が広範囲にわたって、手に余るようになったら、そのうち、いくつかを思い切って手放してみる。一時保留にしてみる。あるいは、人に任せてみる。

そうやって、持っている力を集中することが、「総倒れ」を防ぐ方法です。

第39話

時には幼児のように

赤ちゃんとか小さな子って、目につくものを何でも口に入れちゃいますよね。積み木などのように、口に入りきらないものは、ペロペロとなめてしまいます。あれって、親御さんとしては、「バイ菌が入って、病気にならないかしら」って、心配なところです。

とくに、自分が潔癖症《けっぺきしょう》気味な親御さんにしたら、我が子が積み木をなめる姿は、卒倒ものでしょう。

でも、お医者さんによると、あの行動は、赤ちゃんにとっては、有害どころか必要なものなのだといいます。

何しろ、生まれる前、お母さんのお腹の中という「無菌」の世界でぬくぬくと育ってきた赤ちゃんにとって、生まれ出たこの世界は、右も左も雑菌だらけ！

そのため、いろいろなもの……というか**雑菌を口に入れて、「急速に免疫を作っている」**というわけです。これから、娑婆《しゃば》で生きていくために、準備を整えている、必要な行動だったのですね。

もちろん、なめると危ないものや飲み込んではいけないものを、手の届くところに置かないのは当然です。でも、それ以外のものについては、赤ちゃんが何かを口に入れようとしているのを命がけで阻止《そし》したり、なんでもかんでも抗菌したりすることは、むしろ赤ちゃんのためにならないということです。

子どもが、世の中で生きていく準備を着々と進めているという話をもう1つ。

子どもたちが遊ぶ公園。

そこにある遊具を思い出してみてください。

ブランコ、すべり台、シーソー、ジャングルジムなど……。あれって、どれもこれも、「物理を肌で感じることができるもの」ばかりなのだということを聞いたことがあります。

例えば、ブランコ。

あれ、いわゆる振り子における「運動エネルギー」を体感できます。

すべり台は、これくらいの角度だと、これくらいの速度で滑《すべ》るという「加速度」を体感できますし、ついでに「摩擦の力（が弱くなった状態）」も体感できます。

シーソーは、「支点」「力点」「作用点」などの「てこの原理」、そして、「つり合い」が体感できる。

ジャングルジムは、登ったり、飛び降りたりして、重力を体感できるし、グルグル回転するタイプのグローブジャングルジムは、遠心力を体感できます（物理に詳しい方、細かな点が間違っていたら、お許しを……）。

子どもたちは、そうした**遊具を使って遊ぶことで、楽しみながら、そして急速に、地球という星で生きていくために知っておかなければならない「物理」を、体験によって学んでいる**というわけです。


ひるがえって、大人になってから。このように、急速に新しいことを吸収しなければならないのは、やはり、社会に出たときではないでしょうか？

それまでは、学生として、ある意味、無菌状態の世界で生きてきたものが、自分の力でお金を稼《かせ》がなければならない世界に放り出される。

そうなったときは、幼児期に、地球という環境での過ごし方を急激に学んだように、社会という新しい世界で生きていく術《すべ》を吸収しなくてはなりません。

今の自分は、「社会の中ではまだ、ヨチヨチ歩きなんだ」と開き直って、新しい周りの環境について、スポンジのように吸い取る。

その姿勢が、成長速度を速めます。

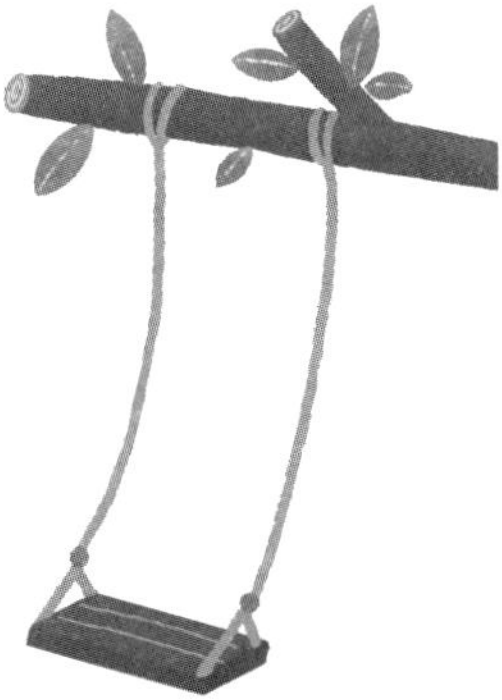

第40話

江戸時代の人の「人生の楽しみ」

たぶん、数ある古典落語の中でも、もっとも有名な噺《はなし》は『寿限無《じゅげむ》』ではないでしょうか。

子ども落語教室みたいなところでも、おそらく、最初に教えてくれそうです。

この噺、簡単に言えば、子どもが生まれた長屋住まいの熊さんが、「なるべく長生きしてくれそうな名前」をつけてもらおうと、和尚《おしょう》さんのもとにやってくる。そして、和尚さんから「寿限無（寿限り無しで、死ぬことがない）」など、縁起のよい言葉を聞くうちに、その全部を使って、子どもにとんでもなく長い名前をつけてしまう……というストーリーです。

この長い名前を暗記してしまえば、話術のレベルがそれほど高くなくて、そこそこ笑いを取れるため、初心者向けにちょうどよいというわけですね。

しかし、プロの落語家となると、そう簡単にはいきません。

ある落語家さん、師匠の前でこの噺を演《や》ったとき、強烈にダメ出しをされたそうです。

師匠曰く。

「おめぇの演る熊公《くまこう》は、ぜんぜん、嬉しそうじゃねぇな」

そうなんです。この噺を演じるときの肝《きも》は、実は長い名前がついたあとの騒動ではなく、子どもが生まれて嬉しくて仕方がない熊さんの親バカぶりだったのです。

夫婦の間に子どもが生まれることを、「子どもを授かる」って表現します。

昔の人……とくに江戸時代の人は、子どもについて、こう考えていました。

子どもは、『できるもの』じゃなくて、『授かるもの』。

ちなみに、この「授かりもの」という言葉を辞書で引いてみると、こう説明されています。

【さずかりもの】 神や仏の恩恵として与えられたもの。とくに子どもを指す。

そうです。言い方を変えれば、子どもは、「神様から一時的にお借りしているもの」。基本的に「親のもの」ではない。

偉い人から借りているものは、キズなんかつけたらたいへんだから、丁寧に扱いますよね。子どもは、神様から「さずかる」大切なものだから、授かったことを喜び、無償の愛で育てたのです。

そう考えると、そもそも、**自分の命だって、「神様からの授かりもの」**です。

だから、「(自分の)命を粗末にするんじゃない」という発想になる。

また、江戸の人たちは、「**人間一生、物《もの》見《み》遊《ゆ》山《さん》**」と考えていたそうです。

物見遊山とは、気晴らしに見物して遊び歩くこと。つまり、今でいう観光旅行。

「生まれてきたのは、この世をあちこち見物する観光旅行のため」だと考えていたから、食べられるくらい働いて、あとの時間は楽しんだ。

私、この言葉、大好きなんです。

せっかく、運よく、神様から授かった「命という時間」。

大切にして、好きなことをして、楽しまなければ、もったいない！


ちなみに、命を「授かりもの」というのに対して、お金のことは、「まわりもの」だと考えていました。ほら、「金は天下のまわりもの」という言葉がありますよね。

お金は、貯め込むのではなく、使って、世の中に循環させるのがよいと。

現代の成功者がよく言う、「お金を増やしたければ、貯め込んでいないで使いましょう」というようなことを、江戸庶民は、知ってか知らずか、すでに実践していたのです。

なんだか、**江戸の人たちは、現代人よりも、ものごとの本質をしっかりと、つかんでいたような気がします。**

5

「大切なもの」はすぐそばにある

――ハートにエールを送る10の話

第41話

小学生が、難関の国家試験を突破できた理由

合格率、5・5パーセント！

55パーセントじゃありませんよ、5・5パーセント。

つまり、1000人が受けて、たったの55人しか合格しないというなんともキビシイ試験。

それが、気象予報士になるための国家試験です。

そんな、大人でも合格が難しい試験に、2021年、小学6年生のときに合格したのが、福岡市在住の島田有吾さんです。

ちなみに小学生の合格は、2017年、北海道の女子児童に続いて2人目の快挙。

有吾さんの12歳0か月の合格は、この1人目の女子児童とわずか1か月違いの歴

代2位の記録でした。

幼稚園の頃から、母親と一緒に天気予報を見て、翌日の服装を決めるのが日課だったという有吾さん。

ある日、天気予報では「雨が降る」とはひと言も言っていなかったにもかかわらず、朝の雲行きを見て、自分の判断で傘を持って出かけたことがありました。

すると、予想は的中し、帰りには雨降りに！

この出来事が、天気予報にハマるきっかけになりました。

さらに、小学2年生のときに、実際の気象予報士の方と話をした際、「君もなったら」と言われたことが、「気象予報士になりたい」という思いに拍車をかけたのだそうです。

小学4年生からは、通信講座で本格的に学びはじめ、国家試験に初挑戦したのは、なんと小学5年生のとき。

そして、迎えた2021年1月。

4回目の受験でついに合格を勝ち取ったのでした。

それにしても、いくら天気予報が好きだと言っても、それだけで受かるほど甘い試験ではありません。何しろ、気象予報士の試験に受かるためには、大学レベルの物理や、数学の知識が必要なのです。

いったい、小学生の有吾さんは、どんなやり方で勉強したのでしょうか？

その勉強法は、大きく、次の2つをメインにしたものだったといいます。

勉強法1　ぬいぐるみに向かって授業をした。

学びたいこと、覚えたいことを、ホワイトボードに書きながら、目の前に並べた「ぬいぐるみ」を生徒に見立てて声に出して教えたのです。

「教えることは学ぶこと」という言葉がありますが、まさにその実践。

有吾さん、人から「書くよりも、6回、口に出したほうがより覚えられる」と聞き、この「先生になりきって教える」という勉強法を自分で考え出したそうです。

勉強法2　自分で試験問題を作った。

試験問題を「予想する」どころか、試験問題を「作成する」側になって、自ら気象予報士の試験問題を作り、模範の解答用紙まで作成し、それを自分で解いたのです。

何かを覚えたいとき、この、**「教える」「出題する」は、実に効果的な学習法です。**

だって、そのことを自分が本当にわかっていないと、教えることも、出題することもできません。

うろ覚えのまま、教えようとしたり、出題しようとしたりすると、ピンポイントで自分の学びの「あやふやな場所」が露呈《ろてい》します。

わかっていないところがわかったら、そこを補強すればいいというわけです。

気象予報士試験に合格したあとの有吾さん。

今では、将来、気象キャスターになって、スタジオや屋外で天気を伝えるときに備《そな》えて、日々、お風呂で「テレビ中継の練習」をしているとか……。

着々と、将来の自分に向かって、準備を進める有吾さんなのでした。

第42話

3つの「ワン」で売り込む

例えば、何か商品を売り込みたいときや、新しいサービスとか事業を立ち上げたいとき。

それを成功させるためには、次に挙げる「3つのワン」が大切なのだそうです。

- ファーストワン……「日本初」「業界初」のように、その分野で最初に導入されたものであること。
- ナンバーワン……「日本一」「業界一」のように、売上や規模、人気など、何かしらで一番を取ることができたものであること。
- オンリーワン……「日本唯一」「業界唯一」のように、ほかにはないものであること。

これらの全部を満たす必要はありません。どれか1つでも「ワン」があれば、競合と差別化でき、結果、目を引きやすくて、ヒットしやすい。

私が知るある起業家は、「起業のアイデアが浮かんだら、市場を調べて、この3つのうち、どれかを満たしているかどうかをチェックする。どれも満たしていないアイデアならボツにする」とおっしゃっていました。

というくらい、この3つは成功へのキーポイントだということです。

「そんなことを言われても、3つとも、なかなかないよ」って、思いますか。

いえいえ、大丈夫。考え方1つで、これが結構、あるものなんです。

例えば、「ファーストワン」。

「日本初」や「業界初」は難しくても、「今年初」「○○町で初」「第二営業所で初」くらいなら、なんとかなると思いませんか?

「ナンバーワン」も「オンリーワン」も同じ。条件をつけたり、範囲を狭く(短く)したりすれば、何かしらあるはず。

もちろん、ウソは論外ですが、次のような商品アピールは可能なのでは?

「この値段帯で、ここまでの機能がつくのは、この商品だけです（オンリーワン）。私がいる赤坂支店で、ダントツで売れています（ナンバーワン）。今回は、ヒットを記念して、当店で初めて（ファーストワン）特典をつけました」

いかがですか？　3つのワンがボディーブローで効いてきませんか？

これでさらに、「特典がつくのは今週末まで」とか、「お得意様にしかご案内していません」なんて言われたら、「1ついただこうかな」なんて口走ってしまいそうです。

群馬県みどり市の「玉子屋やまたか」が発売する大人気のプリン、『天国のぶた』は、こんなキャッチコピーをつけています。

「たぶん世界一濃厚なプリン」

うまいですね。「たぶん」ならウソにはなりませんし、十分に惹《ひ》かれます。

この3つのワンは、商品だけでなく、自分をアピールするときにも使えます。

手前味噌な例で恐縮ですが、私は、初めての編集者さんとお会いすると、会話のどこかで、こう言って自分をアピールします。

「編集者さんが、日本一ラクできる著者です」

私は、会社にいた頃、20年以上も社内報の編集をやっていました。

その経験から、「次工程を考えて、本に編集しやすい形式で原稿を作成する」「編集者にとってツライ、原稿の催促《さいそく》を発生させないように、締め切りを厳守する」「最初の入稿から完全原稿を意識し、ゲラ（誤字脱字など紙面をチェックするための仮印刷）での直しをほとんど入れないようにする」など、編集者にとって、ありがたいことをたくさん実践しています。

ですから、まあ、口が裂《さ》けても「日本一の著者」とは言えませんが、「日本一編集者がラクできる著者」なら、あながちウソではないなと思っています。

あなたは、自分をアピールする「ワン」を何か持っていますか？　自分に都合のよい条件をつけて、いくつか「ワン」を持っていると、大きな武器になります。

第43話 「夢」の超スピード実現法！

感覚的に答えてください。

ある人が、ある日突然、「画家になる！」と心に決めたとします。

その人は、美大の出身でもなんでもなく、それまで本格的に絵を描いた経験は一度もありません。もちろん、画商にツテもありません。

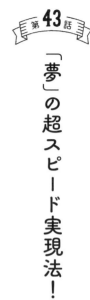

さて、その人は、**決心してからどれくらいの年月をかけてプロの画家になることができると思いますか？**

ここで言う「プロの画家」とは、そうですねぇ。「描いた絵がウン十万円で売れる」という定義にしましょうか。ちょっと、考えてみてください。

画家になることを夢見て、それが叶わなかったことで知られる歴史上の人物と言えば、なんと言ってもアドルフ・ヒトラーでしょう。

彼の自伝、『わが闘争』には、若き日に、ウィーン美術アカデミーを受験するものの、2度受験して2度とも不合格だったことが記されています。

ヒトラーの絵は、「建物などが緻密《ちみつ》に描かれているが、なんの面白みもない。絵画より、むしろ建築の才能がある」と評価され、実際、建築への道を勧める教授もいたとか。この評価、落語家が演芸評論家に、「ヘタではないけど面白くない」と言われるようなもので、画家を志《こころざ》す者にとっては、屈辱的《くつじょくてき》な評価ですよね。プロの画家になることの難しさが伝わってきます。


さて、話を最初の質問に戻しましょう。

経験も、有力なコネもない人が、ある日、突然、「画家になる！」と決心してから、いったいどれくらいの年月をかけてプロの画家になることができると思いますか？

えっ？「美大を受験して合格し、卒業して、師匠について、展覧会で賞をとって、世間に認められて……だいたい、10年くらいかな」ですって？　なるほど。普通、それくらいはかかると思いますよね。では、実例に基づく答えです。

答えは、約2か月！

うそっ！　というくらいの「夢」の超スピード実現です。

そんな離れ業《わざ》を実現したのは、私の知人、大野幸子さん。経営者やフリーランスの方にインタビューし、「企業理念」や「キャッチフレーズ」をコピーライティングするという、自称「挑戦者の翻訳者」という仕事をされている方です。

その大野さんが、「画家になる！」と宣言をしたのは、２０２０年の2月のこと。

仕事で知り合った方から、「画家になること」を3時間にわたって勧められたのがきっかけ。最終的に決心した動機は、「**未知の世界で面白そう！　絵は多くの人に何かを届けることができるかも！**」というものでした。

決心した彼女は、そこから画材道具を買いそろえ、翌月から週に1度、知り合いのアーティストのアトリエに通って、絵を描きはじめます。

大野さんがすごかったのは、**まだ絵を1枚も描いていない段階で、「個展を開くこと」を決め、会場の予約をしてしまった**こと。美術コンクールへの出品とか、知り合いの美術展の一角に作品を展示させてもらうとか、そういう段階をすべてすっ飛ばしていきなり「個展」とは！　自分へのプレッシャーのかけ方が半端ありません。

それは、個展に向けて作品を描き、完成品をSNSにアップしていた3月のこと。

なんと、面識のない方から、「30万円で絵を買いたい」と申し出があったのです！

画家になると決めてから、わずか2か月目の出来事。大野さんは言っています。


「自分の意志が決まれば、世界はその瞬間から、願いに応《こた》えてくれる」


「夢は、一歩を踏み出すと、目標に変わる」といいます。

大野さんを見ていると、その「一歩目を踏み出すこと」の大切さがよくわかります。**夢を超スピードで叶える方法は、今日、一歩目を踏み出すこと**なのです。


なお、宣言していた個展は7月に無事開催。3日間の来場者は150人を超え、30点もの作品に買い手がつきました。その売上総額は、なんと150万円！

現在では、企業からの制作依頼も多く、すっかり、プロの画家になってしまった大野さん。最近、ハマっているのは華道と書道とか。「日本の精神を融合した作品をつくっていきたい」とのことで、次の夢に向けて確実に歩み続けています。

第44話 人のアドバイスを聞いたときに

あるセミナーの達人が、こんなことをおっしゃっていました。

「セミナーに参加してどうだったかを訊ねると、ある人は『会場が狭かった』などと『クレーム』をいい、ある人は『講師はだいたいこんなことを言っていた』などと『要約』をいい、ある人は、『講師の話に感動したよ』などと『感想』をいいます。

しかし、セミナーに参加して、もっとも感じてほしいこと。それは、クレームでも、要約でも、感想でもない。

もっとも感じてほしいことは『気づき』です。例えば『セミナーを聞いて、明日からはもっと本を読んで自分に投資しようと思った』という、自分の成長につながる気づきを得ることがもっとも大切なのです」

おっしゃること、ごもっとも。

私も、「**うまくいく人は、人の話を聞いたときに、話の内容を自分と関連づけて、自分にとって有益なことに気づくのがうまい**」と思います。

もっと言えば、**気づくだけでなく、実際の行動に移す人が、**成功する人です。


セミナーだけではありません。

例えば、ビジネス書を読んで、そこに「成功したければ、○○しなさい」とアドバイスが載っていたとき。

うまくいかない人というのは、総じて、心の中で、イチャモンをつけます。

「そんなのサラリーマンにやっている時間があるわけないだろ。この著者、会社員の実態がわかってないよな」

「○○しなさいって言われても、ウチの会社は○○禁止なんだよ」

「こんなこと書かれても、性格の悪い上司のもとでは通用しないよな」

などなど……。

本に書かれたアドバイスに、とにかくイチャモンをつけて否定する。

中には、ご丁寧にアマゾンへのレビューに、「この著者は、例えば○○みたいなケースもあることをわかっているのだろうか？」なんてコメントを書き込む人もいます。

しかし、誤解を恐れずに言えば、本の著者というのは、そういうケースがあることは百も承知です。わかったうえで、話を複雑にしてしまう例外には触れず、「**勇気を持って、あえて言い切る**」ように文章を書いています。

よほど重要な部分以外は、あることを伝えるたびに、「もちろんこんなケースもあるだろうし、こんな例外もあるでしょう」などとは書きません。

ですから、あげ足を取ろうと思えば、簡単に取れる。

うまくいかない人というのは、そのあたりがわからず、あげ足を取って、「鬼の首を取ったように」得意になってしまう。

でも、言うまでもなく、そんなことをしても、自分にはなんの得もありません。

それに対して、うまくいく人は、たとえ、本に書かれたアドバイスが、雑で穴だらけだったとしても、「このアドバイスのこの部分は、少しアレンジすれば使えるな。これはいいことを知った」なんて、**書かれていることの一部からでも貪欲にヒントを得て、自分の役に立ててしまう**。

たしかに、私の知人の起業家の方たちも、他人の話を聞いているとき、突然、「あっ、ひらめいた！」なんて言うことがあります。そういう方たちは、**常に、「何かを得よう」とアンテナを立てている**のですね。

イチャモンをつけるより、気づきを得る！　心したいものです。

第45話

言葉の魔法に「乗っかる」

人から言われた言葉が、いかにその人に大きな影響を与えることがあるか。

そのことがよくわかる話を聞いたことがあります。

実話なのか、たとえ話なのか、あるいは、ただのアメリカンジョークなのかはよくわかっていないとのことですが、「コンサルタントやセミナー講師の間ではよく知られた話」なのだそうです。

ある有名なメジャーリーガーが、シーズンオフに刑務所で講演をした。

受刑者たちに向けて、「チャレンジすることの意義」など、いろいろな話を終え、控え室に戻る途中、話に感動した刑務所の所長がメジャーリーガーに話しかけた。

「いや、あなたは本当に我々の誇りです。いったいどうして、あなたは、そんなスーパースターになることができたのですか？」

　聞かれたメジャーリーガーは答えます。

「所長、実は私も、最近それについて考えるんですよ。もちろん体には恵まれたと思います。野球の指導者にも、チームメイトにも恵まれました。思い当たることはいろいろあります。でもその中で、自分の原点を掘り下げて考えてみると、最近、これが、自分がメジャーリーガーになれた最大の理由なんじゃないかな……ということに思い至ったんです」

「ほう！　それは何ですか？」

「いやなに、実は、私の父親が、私がまだ小さな頃からずっと、『**おまえは将来、絶対にメジャーリーガーになる**』って、繰り返し、繰り返し、言ってくれていたんです。もしかしたら、その父の言葉が、メジャーリーガーになれた最大の理由だったのかもしれないって思っています」

　スーパースターのその言葉を、たまたま所長の横にいて聞いた1人の囚人《しゅうじん》。

　納得したような顔でこう言った。

「なるほど、それでわかった。俺も親父からずっと言われていたよ……。『おまえ

は将来、絶対に刑務所に行く』ってね」

親から言われた言葉が、自信になって、人を成功に導くこともあれば、「どうせ自分なんて」と自己否定につながることもある……ということです。

これ、親の言葉に限りません。

落語家の笑福亭鶴瓶さんは、なんと入門してわずか4日目に、偶然に出た電話がきっかけとなり、急きょ、兄弟子の代役でラジオに出演。それが好評で、あれよあれよという間に人気者となり、1年後にはテレビ、ラジオのレギュラーが6本もあったという経歴の持ち主です。

鶴瓶さんの師匠の笑福亭松鶴《しょかく》さんは、そんな「型破り」な弟子を可愛《かわい》く思いながらも、落語の稽古《けいこ》をいっさいつけなかったといいます。

それはおそらく、他の弟子のやっかみから鶴瓶さんを守ることと、「コイツはヘタにいじらないほうがいい」という、2つの理由からのことでした。

そんなある日、ある審査会で落語をやった鶴瓶さん。古典落語なのに、ウケを狙って、オートバイに乗ったオジサンを登場させるなどして、お客さんを大爆笑させます。

しかし、そんな無茶苦茶《むちゃくちゃ》が通るはずもなく、審査員からは酷評《こくひょう》。審査員席にいた松鶴師匠も、「こんなん、落語やおまへん」と、他の審査員同様に酷評しました。

しかし……。その会場からの帰り道のこと。2人きりになると、松鶴師匠は鶴瓶さんのお尻をパーンと叩《たた》くと、こう言ったのです。

「おまえが、一番、おもろかった！」

鶴瓶さんはこのひと言がよほど嬉しかったのでしょう。後々まで感謝しています。

たぶんこのとき、鶴瓶さんは「オレはこれでええんや。師匠はちゃんと認めてくれてる」と思ったはず。その後、現在に至るまでの「落語家の枠《わく》を超えた活躍ぶり」は、このときの師匠のひと言が大きかったのではないでしょうか。

信頼している相手からの言葉のパワーは、時に魔法の如し。

もし、そういう人から、**「いい言葉」をもらったら、あえて、その言葉に乗っかってみると、**大きな自信につながります。

第46話

「逆転の音楽」が聞こえる

どんなピンチでも、平然としていて、口元に笑《え》みすら浮かべている。

そんな、余裕のある人になれたらいいなって思います。

そういう人のもとには、自然と、人も仕事も集まります。

誰だって、「いつも余裕のない人」や、「ちょっとしたピンチですぐにオタオタ、オロオロする人」とは、一緒に仕事をしたくありませんから、当然のことです。

私は、この「どんなピンチでも、余裕で微笑んでいる」という話を聞くと、いつも、ある人物の顔が浮かびます。

そして私は、ピンチになったときに「かく在《あ》りたい」というお手本として、その人のことをリスペクトしているのです。

その人物とは……。

ルパン三世！

「アニメか〜い！」というツッコミの声が聞こえてきそうですね。

でも、人格についてリスペクトするのですから、相手が実在の人物だろうと、架空の人物だろうと関係ありません。会ったこともない歴史上の人物をリスペクトするのと、大して変わらないと思っています。

『サザエさん』『ドラえもん』『ちびまる子ちゃん』などが、「継続して放送されている国民的アニメの主人公とするなら、『ルパン三世』は、『ゲゲゲの鬼太郎』とともに、「時代を越えて、繰り返し繰り返し、何度もアニメ化される国民的ヒーロー」です。

そんな、「ルパン三世」の魅力は、なんと言っても、主人公のルパンをはじめ、相棒の次元大介、石川五右衛門、峰不二子らが、どんなピンチに陥っても、まるでひるまず、余裕たっぷりに切り抜けてしまう姿なのではないでしょうか。

その『ルパン三世』のテレビアニメ第5期に、ルパンが、「ピンチのときに、どんなことを考えるか」を語る場面があります。

ストーリーは割愛しますが、最終回の1つ前の回で、ルパンが最大の危機に陥って、相棒の次元が、ルパンに「もう泥棒を引退しないか？」という内容のことを言います。

そう言われたルパンと次元の会話です。

ルパン「なあ次元、こうしてるとさ、聞こえてこねぇか……。いい音楽がさ」
次元「音楽？」
ルパン「主人公が逆転するときにかかる、カッコイイやつだよ」
次元「ルパン、人生は物語じゃねぇぞ」
ルパン「なら、物語にすればいいじゃねぇか」
次元「なんだって？」
ルパン「**オレって人生の視聴者はオレだけだ。だったらオレが続きを見たくなるような物語じゃないと意味がねぇだろう。**すごいピンチだけど、アイツ、どうやって切り抜けるんだろう？　強すぎんじゃねぇか、この敵！　こっからどうやって勝つのかなぁ？　ってな……。**オレはオレに期待したいんだよ**」

くーっ、さすがはルパン！　やっぱりリスペクトします！

自分の人生における原作、脚本、監督、主演は、全部、自分です。

これから先を、「自分が続きを見たくなるような物語」にするかどうかは、ひとえに自分次第！

ルパン、あなたの言う通りです。

自分で自分に期待してください。

そのための**キーワードは、自分を信じること。**

ルパン三世のように、自分を信じるところから、すべてははじまります。

第47話

「夢を叶えるための手順」ナンバー1

もう、今までに何度、本で読んだかわからないくらいです。
そして、何度、人から聞いたかもわかりません。
それが、次のひと言です。

「夢を叶えたかったら、書き出しましょう」

あなたも、きっと、何度も本で読み、耳にしたことがあると思います。
間違いなく、「夢を叶えるための手順」のナンバー1。王道中の王道です。
書き出すことで、頭の中で漠然《ばくぜん》としていた「夢」が見える化され、見える化されることで、脳に潜在意識として刷り込まれ、脳に刷り込まれることによって、それを実現する行動を知らず知らずのうちにとってしまう。

だから、気がついたときには、書き出したことが現実になっている……。

と、脳科学的に証明されているとのことなので、決して、オカルトのような話ではありません。

イチローや大谷翔平選手など、将来の自分の姿を作文や紙に書き出して、それを実現した有名人もたくさんいます。

日本を飛び出して、アメリカでもブレイクを果たした、お笑いタレントの渡辺直美さんも、小学生のときに書いた作文の通りに人生を歩んでいるそうです。

渡辺さんが、小学6年生のときに作文に書いた、「将来の夢」は、次の5つでした。

芸人になって吉本に入る。

「笑っていいとも！」に出る。

ファッションの仕事をする。

コント番組に出る。
そして、最後に書いたのが、
これらをやったあとに、貯めたお金でアメリカに行く。

結果、恐ろしいくらいに、ほとんどが現実になりました。

唯一、「?」だった「ファッションの仕事をする」も、「ボディー・ポジティブ(痩《や》せた体型=キレイという従来の美の定義から外れ、プラスサイズの体をありのままに愛そうというムーブメント)」の考えに基づき、自分と同じ体型の人に似合う服のデザインの仕事をするという話が動きはじめているそうです。

東京オリンピックの開会式の演出で、彼女の体型を揶揄《やゆ》するような演出案を発言した演出家が交代する出来事がありました。そのときの彼女の「私自身はこの体型で幸せです」というコメントも、この「ボディー・ポジティブ」を前面に打ち出すファッションブランド立ち上げの後押しになったと考えると、本当に、**小学校時代に書いた作文が、未来を動かしているのではないかと思えるほど**です。

有名人だけでなく、私の知人にも、「書き出したことが現実になった」という方はたくさんいます。

ちなみに、私もかつて、ある方に勧められて、「なりたい未来の自分」について、紙に書き出し、家の壁に貼ったことがあります。

その当時の私はただのサラリーマン。

そして、書き出して壁に貼った未来になりたい自分の姿は……。


「本を書いて暮らせるようになる」


1冊目の本を出版できたのは、それを書いてから、ほぼ1年後のこと。

さらに数年後には、本当に、会社を辞めて、本を書いて暮らすようになれました。

さすが、「夢を叶えるための手順」の王道中の王道です。

正直、騙《だま》されたと思ってダメ元で書いた私でさえ、こうなるなんて……。

この項を読みはじめたとき、「はいはい、また、この話ね」と思った方。

本当に、叶えたいことがあったら、書き出して部屋に貼ってみてください。

こういうことは、何も考えずに、黙って騙される人が強いのです。

第48話

有終の美を飾れないわけ？

「有終《ゆうしゅう》の美を飾る」という言葉があります。

「ものごとを最後までやり遂げ、締めくくりにおいても成果を挙げる」という意味で、とくに、競技人生を終えるアスリートが、最後の大会や試合で結果を残したときに用いられることが多い表現です。

たしかに、例えば、「この大会を最後に引退します」と宣言していた選手が見事に優勝したら無茶苦茶にカッコイイです。そして周りから、「まだまだやれるのに、引退なんてもったいない」と言われるのが、理想の「有終の美」の姿でしょう。

でも、「そうは問屋が卸《おろ》さない！」のが現実です。

現役時代に、「天才」だとか「絶対王者」だとか言われて、数えきれないくらいの大会で優勝してきたようなアスリートが、最後の最後の試合で不本意な結果に終わる……と、そんなことがよくあります。

例えば、フィギュアスケートの浅田真央さん。

全日本選手権で、女子シングル史上初となる2度の3回転半アクセルを決めた直後のトリノオリンピックは年齢制限で出場が叶わず、その4年後のバンクーバーオリンピックはライバルのキム・ヨナ選手（韓国）に及ばず、銀メダルに終わりました。

国際大会で何度も優勝している彼女にとっては、「唯一、優勝できていないオリンピックで金メダルを取って引退する」のが、まさに「有終の美」だったことでしょう。

そして臨んだソチオリンピック。

ショートプログラムで、考えられないことが起こりました。

普段では絶対にやらないようなミスを連発してしまい、なんと16位でのスタートになってしまったのです。彼女のフィギュアスケート人生の中で、もっとも低い順位が、最後の最後に出てしまうとは！

開き直って臨んだフリーの演技では、フィギュアスケート女子で史上初となる全

6種類、計8度の3回転ジャンプをすべて成功させ、142・71点と自己ベストを更新しました。しかし、最終順位は6位に終わったのです。

有終の美を飾ることができなかった一流アスリートとして記憶に新しいのは、体操の世界で「キング」とまで呼ばれた内村航平さんでしょうか。

内村さんと言えば、世界選手権で、個人総合6連覇など10個の金メダルを含む21個のメダルを獲得。オリンピックには、4大会連続で出場し、個人総合連覇を含む金3個を含め、メダルを計7個も獲得したレジェンドです。

しかし、加齢には勝てず、それまで無理を重ねてきた両肩が壊れてしまいます。

そんな状態で、苦しみながらも「有終の美」を飾るべくして臨んだ4回目の五輪、東京オリンピックは、自身が、「高得点が取れる種目」と位置づけている鉄棒だけにしぼっての出場でした。

1種目にかけた本番。内村さんは、3つの「離れ技」を成功させます。

このまま終われば、軽々と予選突破！　そう思った次の瞬間でした。

内村さんは鉄棒から落下。まさかの予選落ちになってしまったのです。

これがスポーツ漫画なら、浅田さんも内村さんも、金メダルを取って「有終の美」を飾ったことでしょう。それが一番、美しい終わり方です。

しかし、現実は、信じられないようなことが起こり、非情な結果に。

スポーツの女神は、どうして、こんなにも残酷なのでしょうか？

内村航平さんの引退会見での言葉です。

「挫折、落ちたところからはい上がるところも知れた。今後、人に伝えていく立場において知らないといけなかった、栄光も挫折も経験できた。貴重な経験をさせてもらった気持ちが強いです」

挫折を知らない人は、挫折した人の気持ちがわかりません。そして、挫折を知っている人は、他人に対して優しくなれる。

勝ち続けてきたアスリートをそのまま引退させないのは、もしかしたら、スポーツの女神の「粋《いき》な計《はか》らい」なのかもしれません。

第49話

3年目の返事

今や、「好感度ナンバーワンコンビ」と言っても過言ではない、お笑いコンビ「サンドウィッチマン」。

伊達《だて》みきおさんと富澤たけしさんの2人組ですね。

2人は同じ高校のラグビー部出身でした。

卒業と同時に2人で一緒にお笑いの世界へ飛び込み……と思いきや、実は、お笑い芸人になったのは、富澤さんのほうが早かったのです。

富澤さんは、高校時代から伊達さんのお笑いのセンスを高く買っていて、何度も「一緒にお笑いをやろう」と誘っていました。

しかし、伊達さんは、親の反対もあり、結局、父親の口利《くちき》きで地元仙台の福祉関係の会社に就職してしまいます。

伊達さんにフラれてしまった富澤さんは、仕方なく、「伊達のヤツがいつか一緒にお笑いをやることを承諾してくれるまで」のつなぎとして、別の相方を見つけてコンビを組み、アマチュアながらもお笑い芸人としてデビューしたのです。

このとき組んでいた相方は、「お笑い芸人として一生を過ごす」という考えはなく、富澤さんは、ずっと伊達さんに対して、「仕事を辞めて一緒にお笑いをやろう」と説得を続けていました。

会社に勤務しながら、富澤さんのお笑い芸人としての活動を見ていた伊達さん。

実は、富澤さんの姿にまぶしさを感じていました。

しかし、会社に勤めるうち、責任感のようなものも出てきて、心の中では「お笑いをやってみたい」と思いながらも、なかなか、富澤さんからの誘いを受けることができずにいたのです。

そんな、伊達さんの心を変化させたもの。

それは、子どもの頃から大好きだった「おじいちゃん」の死でした。

病院で、祖父が亡くなったとき、覚悟はしていたものの涙が止まらなかったという伊達さん。

その心の中に、こんな考えが浮かびました。


「人はいつか、消えちゃうんだ。

何をやったって、最後は、眠るように死んじゃう。

だったら、好きなことをやって、生きていたい。

いっぱい笑って、楽しい時間を、全力で突っ走りたい」


そう考えた伊達さんに、ちょうど、相方とのコンビを解消した富澤さんから、連絡がありました。

「会社はいつ辞めるんだ？　コンビを組めるのは、いつだ？」

いつものように、こう聞かれた伊達さん。

はじめて、今までとは違う返事をしたのです。

「今からでも間に合うかな」

それは富澤さんが伊達さんを口説き続けて3年目のことでした。
こうして、のちに大ブレイクする「サンドウィッチマン」（スタート時のコンビ名は「親不孝」）は誕生したのです。

人は、身近な人の死に接すると、命に限りがあることに気がつきます。
そして、自分の「手持ちの時間」を大切にしようと思う。

「いっぱい笑って、楽しい時間を、全力で突っ走りたい」
その夢を叶えた伊達さんは、今、充実した日々を過ごしています。

「私の後悔することは、やらなかったことであり、できなかったことではない」
（イングリッド・バーグマン　スウェーデン出身の女優）

第50話

あなたが笑顔にしたい人

「俺は、おまえらに伝えたいことがある！」

そのメッセージは、そんなひと言ではじまりました。

聞いていた700人の新入生たち。最初は、みんな笑っていたんです。

でも、一見、メチャクチャなのに、熱く、心がこもったその言葉を聞くうちに、目頭《めがしら》を押さえる人、ハンカチで涙をぬぐう人も……。

それは、2022年4月4日に行なわれた「代々木アニメーション学院2022年度入学式」でのこと。

同学院の特別CEO（チーフエンターテイメントおじさん）に就任している、タレントの江頭《えがしら》2：50さんの「入学を祝うメッセージ」のVTRが会場に流れます。

冒頭、いきなり噛んだ江頭2：50さん。「VTRだと調子でないな……。待ってろ、そっち行ってやるぜ！」と画面からフェードアウトすると、なんと、本人が会場に乱入してきたのです。さすがは、日本唯一の乱入芸人！

舞台でひと通り大暴れしたあと、演台に立つと、「代々木のおまえらーっ！　おまえらにひと言もの申ーす！」と叫び、そのあと小さな声で「入学、おめでとう……」。会場からは、笑いと拍手。

「俺は、おまえらに伝えたいことがある！　でも、俺は真面目な話が苦手だから、手紙にさせてもらいました。（また小さな声で）ちょっと、読んでいい？」

こうして、5分間のメッセージが読みあげられたのです。

「今日、皆さんは大きな夢と希望を胸にこの会場に来られたと思います。

しかし、世の中いいことばかりじゃありません。

かくいう私も、トルコで全裸になって捕まったり、新宿で下半身を出して捕まったり、嫌いな芸人ランキングは9年連続1位。抱かれたくない男ランキングも不動の1位でした。最近では、大好きだった佐山愛ちゃんに、フラれてしまいました。

もう、どうしようもない人生です。

でも、そんなことがあったからこそ、好きなユーチューバーランキングで2年連続の1位を取ることができたんだと思ってます。

かなり遠回りをしましたが、何が言いたいかというと、『何があっても諦《あきら》めるな！』ということです。

夢を追いかけていたら、必ず壁にぶち当たります。

うまくいかなくて悔しい思いをしたり、恥ずかしい思いをしたり、どうしていいかわからなくなったり……。

でも、それは当たり前です。

だっておまえらが追いかけているのは夢なんだから。

簡単に手に入らないから夢なんです！

それに打ち勝ってつかむのが夢なんです！

やりたいと思わないならやらなくていい。

でも、やりたいと思ったら諦めずにやってください！

真剣にやってみてください！

俺はどんな仕事でも真剣です。

お尻から粉を出す、これ普通だったら、ただの変態です。

でも、なりふり構わず真剣にやっていると誰かが笑ってくれる。

真剣にやるのは、若い君たちにとって恥ずかしいことかもしれません。

馬鹿にしてくるやつもいます。

でも、99人が馬鹿にしても1人が応援してくれたら、それでいいじゃねえか。

1人が笑ってくれたら、それでいいじゃねえか。

それでも、もし辛いこと、嫌なことがあったら俺を見ろ！　そして笑え！

悩むのがバカバカしくなるから。

代々木アニメーション学院特別CEO、江頭2：50！」


聞いていて、涙が出ました。

「1人が笑ってくれたら、それでいいじゃねえか」

人生では、たった1人の笑顔が、「生きる力」になることがあります。


あなたが「笑顔にしたい人」は誰ですか？

おわりに……「おまけ」の人生

最後まで読んでいただき、ありがとうございました。

あなたにとって、悩みが軽くなる話、心が和む話、参考になる話、元気が出る話などが、1つでもありましたでしょうか。

最後にもう1つ、ある日、たったひと言をきっかけにして、生まれ変わった女性の話です。

その方、子どもの頃から徐々に太りはじめ、そんな娘を心配した父親からの「だらしがない」などの否定的な言葉を受けて、すっかり体型にコンプレックスを抱くようになってしまいました。

25歳のときに結婚しますが、夫のDVにより一人息子を連れて離婚。

さらに、大病を患《わずら》って入院し、「何もかもうまくいかないのは、自分の体型のせい」だと、決めつけてしまっていました。

しかし、手術後に、病室で聞いた、父親からのひと言が、彼女の人生を変えることになりました。

それまで、否定的なことしか口にしなかった父は、彼女にこう言ったのです。

「ここからの人生、おまけだと思って好きに生きたらいいよ」

このひと言によって、彼女の心の中で何かが変わりました。

これからは、自分のよいところに目を向けようと決めたのです。

彼女の名は羽林由鶴《はねばやしゆず》さん。

現在は、自称「103キロの恋愛カウンセラー　生き方カウンセラー」として、カウンセリング、講演活動、本の執筆などで活躍。自治体や学校などで、自己肯定感《こうていかん》やありのままの生き方についてのレクチャーなどもされています。

プライベートでも、13歳年下の男性と再婚し、幸せな人生を歩んでいるのです。

父親からのたったひと言をきっかけに、「おまけの人生」どころか、彼女の人生は、どん底から180度反転したのでした。

言葉は、相手に贈ることができる最高のギフト。

時に、たったひと言で、相手の人生すら変えてしまう。

だからこそ、人に対して、いい言葉を贈りたい。

そうすると、自分にも、よい言葉が返ってきます。

この本が、そんな素敵なやり取りの「お手伝いの1つ」になれば幸いです。

西沢泰生

主な参考文献

『幸せな人は知っている世界のコトワザ』植西聰著（無双舎）／『〔新装版〕本田宗一郎からの手紙　現代を生きるきみたちへ』片山修編、『人生をムダにしない50の小さな習慣』中谷彰宏著（以上、ＰＨＰ研究所）／『実験思考』光本勇介著、『復活力』サンドウィッチマン著（以上、幻冬舎）／『なぜ、成功者たちは「フシギな習慣」を持っているのか？』濵栄一著（宝島社）／『手抜き力』齋藤孝著（ＫＫベストセラーズ）／『自分の中に毒を持て』岡本太郎著（青春出版社）／『仕事はゲームにすると上手くいく』石川和男著（秀和システム）／『ユダヤの商法』『ユダヤの商法2』藤田田著（ベストセラーズ）／『成功はゴミ箱の中に』レイ・Ａ・クロック、ロバート・アンダーソン共著、野崎稚恵訳、野地秩嘉監修（プレジデント社）／『パン屋ではおにぎりを売れ』柿内尚文著、『コンペ３００戦無敗のトップエンジニアが教える理系の仕事術』井下田久幸著（以上、かんき出版）／『ものの見方が変わる座右の寓話』戸田智弘著（ディスカヴァー・トゥエンティワン）／『「おもしろい人」の会話の公式』吉田照幸著（ＳＢクリエイティブ）／『話すチカラ』齋藤孝・安住紳一郎著（ダイヤモンド社）／『そうだ、星を売ろう』永井孝尚著、『1行バカ売れ』川上徹也著（以上、Ｋ

ADOKAWA）／『接待の一流』田崎真也著（光文社）／『粋に暮らす言葉』杉浦日向子著（イースト・プレス）／『グズグズしない人の61の習慣』中谷彰宏著（きずな出版）／『仕事ができる人は、3分話せばわかる』浅川智仁著（三笠書房）／『笑福亭鶴瓶論』戸部田誠著（新潮社）

本書は、本文庫のために書き下ろされたものです。

「小《ちい》さな幸《しあわ》せ」が
たくさん見《み》つかる50の物語《ものがたり》

著者　西沢泰生（にしざわ・やすお）

発行者　押鐘太陽

発行所　株式会社三笠書房

〒102-0072 東京都千代田区飯田橋3-3-1

電話　03-5226-5734（営業部）03-5226-5731（編集部）

https://www.mikasashobo.co.jp

印刷　誠宏印刷

製本　ナショナル製本

 ISBN978-4-8379-3017-4 C0130

王様文庫

王様文庫

伝説のクイズ王も驚いた予想を超えてくる雑学の本

西沢泰生

「なぜ?」「どうして!?」ワクワクする疑問に、まとめて解答! ◎お刺身には、どうして菊の花を飾るの? ◎蚊に刺されても、「かゆくならない」人がいる? 身近な疑問から、歴史・偉人にまつわるトリビア、意外なルーツ、笑える小話、感動エピソードまで!

どんな「ピンチ」も余裕で乗り切れ!

西沢泰生

「時間がない!」「大失敗!」「板ばさみ!」――ちょっとした「行き違い」から「タイヘン!」な場面まで。頭のいい人の〝メンタル危機脱出法〟 ◎「期限」に間に合わないプレッシャー ◎「面接中」の気まずい空気に ◎「このまま続けていいのか」の不安……etc.

眠れないほどおもしろい吾妻鏡

板野博行

北条氏が脚色した鎌倉幕府の公式レポート! ◇源頼朝は「後顧の憂い」を絶ったはずだったのに… ◇最強上皇・後鳥羽院が「承久の乱」に負けた理由 ◇尼将軍・北条政子は「女スパイ」!? ◇鎌倉殿の十三人――最後に笑ったのは? 超ド級の権力闘争を描いた歴史スペクタクル!

K30598

ふしぎなくらい心の居心地がよくなる本

水島広子

最近、自分に何をしてあげていますか？　いいことは「求めすぎない」「受け容れる」ときに起こり始めます。◎ヨガでも料理でも「今」に集中する時間を持つ　◎「勝った」「負けた」で考えない　◎誰かの話をただ聴いてあげる……いつもの日常をもっと居心地よく！

気くばりがうまい人のものの言い方

山﨑武也

「ちょっとした言葉の違い」を人は敏感に感じとる。だから……　◎自分のことは「過小評価」、相手のことは「過大評価」　◎「ためになる話」に「ほっとする話」をブレンドする　◎「なるほど」と「さすが」の大きな役割　◎「ノーコメント」でさえ心の中がわかる

いちいち気にしない心が手に入る本

内藤誼人

対人心理学のスペシャリストが教える「何があっても受け流せる」心理学。◎「マイナスの感情」をはびこらせない　◎〝胸を張る〟だけで、こんなに変わる　◎「自分だって捨てたもんじゃない」と思うコツ……etc.「心を変える」方法をマスターできる本！

K30599